博勝之道

厚積薄發勝在行動

辛丑秋月 張祥仁 書

元宇宙是下一代互联网的重要技术及产业结构支撑的重要基石出。

吴基传
二〇二二年十二月

Author

薄胜

字邦彦，乐智科技执行董事，链石资本（Block Rock Capital）合伙人；北京市产业特派员，北京市企业创新达人，中国大数据技术与应用联盟副秘书长；中国中小企业协会专精特新专委会执行秘书长；《创意中国》导师、《解码区块链》科技顾问与常驻嘉宾；中关村论坛主持人；担任雄安新区等多个地方政府"数字经济"专家、"城市顾问"。

曾获"中国产业研究发展突出贡献奖""2020年度河北智库优秀专家"等荣誉，曾为巴基斯坦、以色列等18国大使讲解区块链与数字经济。其创业案例成为2015年国家公务员面试案例。著作有《众创：群体崛起大时代》《区块链思维：从互联网到数字新经济的演进》《互联网思维独孤九剑》，累计销量超过30万册。

Author

贾康

  第十一届、十二届全国政协委员，现任全国政协参政议政人才库特聘专家，华夏新供给经济学研究院创始院长，中国财政科学研究院研究员、博士生导师。

  曾长期担任中华人民共和国财政部财政科学研究所所长。北京、上海、福建、安徽、甘肃、广西、西藏等地方政府特聘专家、顾问或咨询委员，北京大学、中国人民大学、国家行政学院、中央社会主义学院、南开大学、武汉大学、厦门大学、安徽大学等多所高校特聘教授。

  1988年曾入选亨氏基金项目，到美国匹兹堡大学做访问学者一年。1995年享受国务院政府特殊津贴。1997年被评为国家"百千万人才工程"高层次学术带头人。多次受党和国家领导之邀座谈经济工作。担任2010年1月8日中央政治局第十八次集体学习"财税体制改革"专题讲解人之一。

"孙冶方经济学奖""黄达-蒙代尔经济学奖"和"中国软科学奖"获得者。国家"十一五""十二五""十三五"规划专家委员会委员、国家发改委PPP专家库专家委员会成员。

2013年，主编《新供给：经济学理论的中国创新》，发起成立"华夏新供给经济学研究院"和"新供给经济学50人论坛"（任首任院长、首任秘书长，第二届理事会期间任首席经济学家），2015—2016年与苏京春合著出版《新供给经济学》《供给侧改革：新供给简明读本》以及《中国的坎：如何跨越"中等收入陷阱"》（获评中国图书评论学会和央视的"2016年度中国好书"），2016年出版的《供给侧改革十讲》被中组部、前国家新闻出版广电总局和国家图书馆评为全国精品教材。2017—2020年又撰写出版《供给侧结构性改革理论模型与实践路径》《供给侧改革主线上的未来财税》《财政学通论》等多部专著。2021年与刘薇合作《双循环新发展格局》一书又获评"2021年度中国好书"。

根据《中国社会科学评估》公布的2006—2015年我国哲学科学6268种学术期刊的700余万篇文献的统计分析，贾康先生的发文量（398篇）、总被引频次（4231次）和总下载频次（204115次）均列第一位，综合指数3429，遥居第一，是经济学核心作者中的代表性学者。

作者之一薄胜(中间)担任工信部"创客中国"总决赛评委

作者之一薄胜（右）为大使们做专题分享后与巴基斯坦大使合影

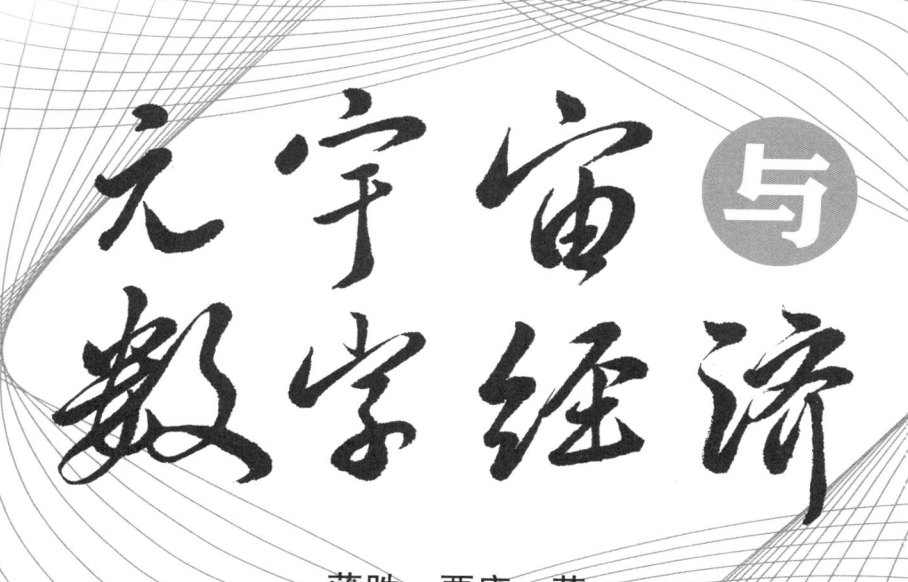

元宇宙与数字经济

薄胜 贾康 著

企业管理出版社
ENTERPRISE MANAGEMENT PUBLISHING HOUSE

图书在版编目（CIP）数据

元宇宙与数字经济 / 薄胜，贾康著. —— 北京：企业管理出版社，2023.2

ISBN 978-7-5164-2767-5

Ⅰ. ①元… Ⅱ. ①薄… ②贾… Ⅲ. ①信息经济—中国—干部培训—学习参考资料 Ⅳ. ① F492

中国版本图书馆 CIP 数据核字（2022）第 228860 号

书　　名：	元宇宙与数字经济
书　　号：	ISBN 978-7-5164-2767-5
作　　者：	薄　胜　贾　康
策　　划：	朱新月
责任编辑：	解智龙　刘　畅
出版发行：	企业管理出版社
经　　销：	新华书店
地　　址：	北京市海淀区紫竹院南路17号　邮　编：100048
网　　址：	http://www.emph.cn　电子信箱：zbz159@vip.sina.com
电　　话：	编辑部（010）68487630　发行部（010）68701816
印　　刷：	北京博海升彩色印刷有限公司
版　　次：	2023年2月第1版
印　　次：	2023年2月第1次印刷
开　　本：	710mm×1000mm　1/16
印　　张：	16.25 印张
字　　数：	192 千字
定　　价：	68.00 元

版权所有　翻印必究　·　印装有误　负责调换

编|委|会

编委会主任

薄胜　贾康

副　主　任

余晨　程勃

编　　委（按姓氏拼音排名）

薄晓　段世宁　高晴

吉慧榕　李媛　于兴智

序 言 一

中国工程院院士　邬贺铨

2021年10月18日，十九届中央政治局就推动我国数字经济健康发展进行第三十四次集体学习，习近平总书记发表了重要讲话，《求是》杂志2022年第2期以《不断做强做优做大我国数字经济》为题登载上述讲话的主要内容。讲话指出，"各级领导干部要提高数字经济思维能力和专业素质，增强发展数字经济本领，强化安全意识，推动数字经济更好服务和融入新发展格局。要提高全民全社会数字素养和技能，夯实我国数字经济发展社会基础"。

习近平总书记在党的二十大报告中强调，加快发展数字经济，促进数字经济和实体经济深度融合，打造具有国际竞争力的数字产业集群。

《元宇宙与数字经济》一书，在众多关于数字经济的干部读本中聚焦新一代信息技术，特别是区块链与元宇宙等对数字社会的影响，展望未来的数字生活与数字生态。元宇宙作为可与现实世界交互的虚拟世界，在数字经济发展中将会催生新业态，但目前还是设想多于现实，不过本书关于元宇宙的讨论可以启发读者对数实融合应用前景的思考。另外作者在本书中对数字经济提出了一些个人的观点，有探索性但有待实践检验。

总之，数字经济是新生事物，习近平总书记在十九届中央政治局第三十四次集体学习时还强调，要加强数字经济发展的理论研究，就涉及数字技术和数字经济发展的问题提出对策建议。本书的出版会引发读者尤其是干部的思考,在推进数字经济与实体经济深度融合发展中做出更多的创新实践。

序言二

中国工程院院士　张平

20世纪90年代初，钱学森先生就对虚拟现实有过展望，为其起了个"中国味"特浓的名字——"灵境"，并指出灵境技术能"扩展人脑的知觉"；灵境思想预见到人机深度结合将对人类社会带来的深层变革。钱学森对"灵境"技术非常重视，他在写给戴汝为、汪成为等人的书信中预言，"灵境技术是继计算机技术革命之后的又一项技术革命。它将引发一系列震撼全世界的变革，一定是人类历史中的大事。""灵境"促使物质、能量、信息闭环，其作用是利用信息网络，提高认识世界和改造世界的能力，实现古人所说"集大成，得智慧"的梦想，即钱学森所提的"大成智慧"。

在未来世界中，人—机—物间的通信—感知—计算闭环难以应对更深和更广的信息传递与协同控制需求，人类智能成了网络节点的全新重要组成。灵（Genie）作为未来6G展望的第四维元素，将形成人—机—物—灵互通，为用户提供实时虚拟业务场景，并代理用户实现相应的需求。因此人—机—物—灵互通的实现，意味着灵境泛在互联将成为未来网络的重要特征。

基于"境"的泛在融合，能利用虚拟环境信息优化通信网络；而基于"灵"的跨时空统一，能提高通信网络服务效率；基于"灵境"泛在互联，人类在网络中也将实现系统智能化演进，从人—机—物（境）到智能体（灵）的跨越。"灵境泛在互联"是我国元宇宙演进的核心。目前，我国在"灵境泛在互联"方面已有深厚积累：我国在5G时代确立了全球主导地位，自主科研机构构建的算力网络可以支撑灵境泛在互联的实时计算需求，实现通信、网络与计算的高度协同，并在算力算法、交互媒介与终端等方面拥有诸多技术积累，构建"灵境泛在互联"为抓手的演进版元宇宙架构在我国已具有天时、地利、人和的优势；以"灵境泛在互联"为抓手的演进版元宇宙架构，是构建智能社会、为设备赋智、为企业赋值、为产业赋能和实现"换道超车"的关键机遇。我们要坚持以"灵境泛在互联"为抓手构建演进版元宇宙架构，进而发挥举国体制优势、超大规模市场优势，加强关键技术攻关，把发展元宇宙自主权牢牢掌握在自己手中。

元宇宙是继互联网、移动互联网之后的新一代网络系统，融合了多种数字技术。底层以区块链为基础构建了一套数字经济系统；用户端以虚拟现实（XR、VR、AR）应用为承载，以人工智能、大数据为引擎，融合了数字人、数字内容创作、新型交互、显示等技术。到 2025 年，国内元宇宙的市场规模将在 3400 亿元～6400 亿元，而国际市场的规模将更庞大。

元宇宙与数字经济发展还处于早期，哪个地方取得了先发优势就可能引领未来 20 年乃至更长一段时间，各级领导干部需要了解、熟悉直至掌握相关的知识；《元宇宙与数字经济》这本书恰逢其时，书中既有理论和案例，更有作者实践后的反思、总结，做到了深入浅出，相信通过书中的案例和观点可以为读者带来相应的启发。各级政府可以从加强通信计算、人工智能、感知交互、区块链等关键技术研发和融合角度开展工作，可以从构建安全、可信、可管的元宇宙架构体系角度展开工作，还可以从加强高沉浸感、虚拟数字人等技术研发角度切入，实现真三维显示和触觉、嗅觉、味觉交互，支撑虚拟世界的智能体（灵）和人—机—物（境）的交互与沟通，还可以扶持构建演进版元宇宙的技术基座；地方政府可以以城市治理、智能制造、健康大数据应用等产业为先导，结合数字孪生等其他相关技术，推动元宇宙产业落地。

自序

薄胜

未来学家阿尔文·托夫勒在20世纪80年代曾提出"产消合一者"（Prosumer）的概念，2006年他又在《财富的革命》一书中再次强调"产消合一"，即生产者与消费者界限日益模糊。人们趋向个性化生存正在瓦解企业基于标准化生产所形成的单一规模优势，而要求生产和服务更加柔性化，数字技术的发展趋势无疑正在让阿尔文·托夫勒的预言变成现实。以元宇宙、人工智能、区块链、云计算、大数据为新型基础设施的数字经济正在引领产业新一轮变革，在这一轮产业变革中，国内、外上下游产业格局均处于洗牌期，创新成为引领发展的引擎，数字技术将为经济增长提供全新的动能，促使社会变革迈出里程碑式的一步。有人说我们正在经历第四次工业革命，也有人说第六产业正在崛起，无论如何元宇宙、区块链等代表的数字经济正在成为引领全球发展的新引擎是毫无争议的。我们正处在百年未有之大变局中，在这次变革中我国正在成为新的"汤浅中心"。区块链作为推动数字经济与元宇宙发展的重要使能技术之一，其本质上是用经济的手段重新审视和解决科技创新的问题，在底层推动数字经济时代的大规模协作、价值传输和资产交易，让生产关系更好地适应人工智能、云计算、5G、元宇宙等先进生产力的发展。

技术的发展离不开理论的创新，我们在应用技术的时候更要重视隐藏在技术背后的思维模式和我国的国情、文化。本书中融合技术、文化和案例，简单地阐述了 ABCDM 技术（A：人工智能，B：区块链技术，

C：云计算，D：大数据，M：移动技术）及思维的内涵。一方面，ABCDM及其融合后的生态都是数字经济时代商业社群化的产物。另一方面，区块链与物联网、5G、人工智能、大数据、云计算、元宇宙等信息技术融合，让数字经济时代的数据确权、贡献平等、金融赋能、组织变革、社会治理等方面有了更好的保障，让用户的每个行为都可以变成财富，并且每个行为变成财富的过程让用户可见、可感知！

数字经济方兴未艾，大家处于同一起跑线，并且以超摩尔定律的速度进行升级换代，只要找准了定位、聚集了相关人才、制定了相关政策就可以实现，贵阳大数据、武汉光谷、合肥LED等一个个案例就是数字经济时代区域发展的最好诠释。与传统经济过度依赖化石能源、土地等生产要素会对环境带来一定程度的破坏不同，数字经济发展的关键要素是数据、人才和政策，对环境相对友好，如果能抓住数字经济这次机遇，就可以实现"换道超车"。伴随着新基建上升为国家战略，预示着数字经济在国内的发展走上了高速度、高质量发展阶段，领导干部都在思考快速发展数字经济之路。如何发展数字经济？区块链、元宇宙等技术对我们的组织模式带来了什么改变？ABCD与数字经济存在着什么样的逻辑关系？互联网、区块链等以去中心化为理论支撑的技术和产品会对现有社会治理体系产生什么影响？数字经济时代如何让财富保值增值？数字经济如何为实体经济赋能，融合创新可以创造什么样的价值？数字经济时代的政府与企业的关系如何？数字税该如何收？相信读完这本书，会带给你相应的启发。

本书综合了我们多年的实践及思考，从2007年大学时代的一张光盘安装操作系统、维修电脑开始，我亲历了互联网时代、移动互联网时代和已经到来的元宇宙时代。在互联网时代我以使用者、创业者的身份感受到了互联网创业带来的畅快感，体验到了个人英雄主义的甜头；在移动互联网时代，我们的团队在 2011 年就开发出了《中国好声音》节目 App 并在短时间内就有几百万用户使用，使我们在移动互联网时代的创投行业有了一席之地。

2014 年我们与互联网时代第一批成名的程序员、联众游戏创始人简晶共同创建了乐智科技，并在 2015 年投资了全国首家工商注册的众创空间，与 5 位国家"千人计划"成员联合成立了创投基金。我们在创业的同时进行投资孵化，开办乐智众创商学院，邀请创业大咖、上市公司董事长、CEO、院士等，把我们团队及他们的创业、技术领域经验分享给新的创业者。同时我们还通过著书不断整理创业心得，从当年参与《互联网思维独孤九剑》的写作到《区块链思维》的出版，从《众创：群体崛起大时代》到本书的出版，我非常感谢公司团队，没有你们就没有我们持续更新迭代的产品；感谢简晶，可以说没有你的种子投资就没有乐智科技，感谢以新开普的杨总、安硕信息的高总为代表的投资人们，感谢你们在我第二次创业早期的支持；感谢中恒电气的张总及您的爱人冯老师的支持；更感谢我的妻子，薄伊可的妈妈，感谢 8 年多来你对我创业、投资的理解和支持，不但在我最难的时候拿出家庭开支垫付公司工资，还支持我捐赠创业博物馆，让我没有为家庭琐事所牵绊，拿出了更多的时间进行创业和投资；更欣慰的是我女儿薄伊可，在我伏案写作疲累时，你的互动带给了我很多快乐。我还要感谢我的父母给我了一个好身体、好家庭，是你们给了我宽容的成长环境，让我在 2002 年就开始使用电脑刻盘、安装操作系统、维修电脑。

感谢一路上遇到的各位老师、朋友，有院士、国家"千人计划"成员、政府领导、行业协会等各位朋友的支持；感谢北京电视台《解码区块链》团队的信任，邀请我作为科技顾问与常驻嘉宾参与了近 30 期的电视栏目录制；感谢科学协会的各位领导、中关村论坛的各位领导让本书在元宇宙平行论坛上得以发布；感谢河北工信厅、中国国际数字博览会的各位领导让这本书在元宇宙论坛上与各位朋友见面；感谢魏校长帮忙对接中央党校的相关领导；感谢企业管理出版社的王总、朱总和编辑团队，是你们的支持让本书才能如此快地跟大家见面；感谢各位网友投票、点赞和转发，感谢各位读书会群主的支持。让我们通过这本书与大家建立链接，让我们携起手来，在元宇宙与数字经济的大潮里一起更好地乘风破浪吧！

| 目 录 |

第一章　数字经济：创新驱动经济高质量发展 001

第一节　从互联网到元宇宙：计算平台的进化 / 003
第二节　从灵境到智界，钱学森这样定义元宇宙 / 007
第三节　传统到数字经济，不一样的模型，不同的指标 / 010
第四节　数字经济时代，财富被重新定义 / 023
第五节　科技创新：从产品创新到集群创新 / 028
第六节　从数字化到智能化的距离就是人才与天才的差距 / 034
第七节　数字经济发展的引擎——基于信任的共识 / 037
第八节　越是去中心化，中心化的力量越强大 / 041
第九节　从 EDG 到元宇宙，未来已来 / 049

第二章　数字经济：每个人都是参与者 055

第一节　数字经济时代的组织变革 / 057
第二节　分布式协同办公成为新趋势 / 060
第三节　数字经济时代人们的生活 / 066
第四节　关于区块链与数字经济的代表、委员提案 / 069
第五节　从互联网思维到区块链生态 / 079

第三章　数字经济：属于中国的经济时代 085

第一节　数字经济影响世界经济格局 / 087

第二节　知识产权保护促进数字经济高质量发展 / 091

第三节　吃苦耐劳具备奉献精神的中国人 / 099

第四节　中国数据与场景的多样性 / 102

第五节　中国特色的数字技术产品应用 / 106

第四章　数字经济简史：MABCD^{5G} 111

第一节　从互联网到 MABCD^{5G} 生态 / 113

第二节　AI 与数字人：聪明你的生活与工作 / 115

第三节　Block Chain（区块链）：让你的贡献看得见，摸得着 / 122

第四节　Cloud computing（云计算）：让数字生活更高效 / 132

第五节　Big Data（大数据）：让你的每个行为都值钱 / 135

第六节　从 1G 到 6G 为科技创新加加速 / 139

第五章　MABCD 大融合：让数字经济生态物种更丰富 147

第一节　数字经济在中国 / 149

第二节　区块链 + 数字货币：让我们的生活更便捷，工作更高效 / 153

第三节　区块链让 5G 不只是通信 / 166

第四节　区块链 +5G 让物联网不一样 / 170

第五节　科技与艺术的结合——NFT / 177

第六章　数字技术赋能产业发展 181

第一节　乐智众创大学——MABCD 赋能教育变革 / 183

第二节　元宇宙与数字技术助力"一带一路"建设 / 204

第三节　元宇宙时代：运动健身如此有趣 / 210

第四节　金银花庄园——基于数字孪生技术的乡村振兴之路 / 213

第五节　元宇宙文旅：数字时代文旅新体验 / 227

参考文献 230

第一章

数字经济

创新驱动
经济高质量发展

第一节

从互联网到元宇宙：
计算平台的进化

拥有梦想只是一种智力，实现梦想才是一种能力。

——博胜之道

如果说元宇宙是从互联网、移动互联网进化而来这一观点理解起来比较抽象的话，那么是不是说XR（AR、VR、MR）是继个人计算机、智能手机之后的下一代计算平台更好理解呢？互联网和元宇宙的定义很难用一句话来描述，因为它们都是集合技术，互联网的背后是存储、芯片、通信网络等技术，而元宇宙不仅需要升级版的存储、芯片、通信网络等，更需要3D、AI、区块链等技术。从技术演进的角度可以定义元宇宙是下一代互联网，并且它们进化的方向都是让人们的工作和生活更有趣、更高效。每一代新计算平台的开启，都要靠划时代的硬件，从大型计算机时代的局域网、个人计算机时代的互联网到智能手机时代的移动互联网，无一不是如此。

1946年，美国军方在宾夕法尼亚大学成功研制出了世界上第一台通用电子计算机——埃尼阿克（ENIAC），这台计算器的运算速度为每秒5000次加法运算，自此开启了人类信息文明的新纪元。从此开始，计算机技术性价比在30年内增长6个数量级，以惊人的速度发展。1958年，贝尔实验室的数学家和统计学家约翰·图基（John Tukey）在论文中用到"软件"一词，这是人们首次见到"软件"一词在计算机类文章中使用。这时候的编程语言分为 FORTRAN（公式翻译语言）、LISP（列表处理语言）、COBOL（商业通用语言）。1958 年，哈尔滨军事工程学院诞生了我国第一台军用电子计算机"901"，虽然这是一个真空管计算机，但标志着我国已经进入了计算机研发的第一梯队。1968 年"软件工程"这个词汇第一次被使用，标志着一门新兴的工程学科的诞生。

1969 年是计算机及互联网发展史上非常重要的一年，这一年的 7 月 20 日，阿波罗 11 号将阿姆斯特朗和奥尔德林送上了月球，使用了数字计算机和软件完成登月计划。年底，互联网的前身阿帕网正式投入运营，美军在 ARPA（阿帕网，美国国防部高级研究计划署）制定的协定下将美国西南部的大学 UCLA（加利福尼亚大学洛杉矶分校）、Stanford Research Institute（斯坦福研究学院）、UCSB（加利福尼亚大学圣塔芭芭拉分校）和 The University of Utah（犹他州大学）的四台主要的计算机连接起来，信息在这四台计算机之间开始了高效的传输。有趣的是，中国互联网发展具有影响力的第一代程序员简晶（乐智科技董事长、联众游戏联合创始人）、雷军（小米创始人）、张小龙（微信创始人）、梁建章（携程创始人）都是出生在这一年。

1970 年，ARPA 在美国东海岸地区建立了首个网络节点，开始向非军用部门开放，大学和商业机构开始纷纷接入，在融合了 TCP/IP 之后的 ARPA 获得了迅速发展，随着第一台微处理器在 1971 年的诞生，人类迎来了微型计算机的新时代。微型计算机的普及，让计算机应用领域从科学计算、事务管理、过程控制逐步走向家庭。也是从这个时期开始，在计算机和软件技术的催化下，超过 100 种的新知识和工作类型逐渐出现：财务人员开始使用计算机处理账务，医疗人员从文字记录变为了计算机数据录入、业务分析师、数据分析师、软件工程师、网站管理员、数据库管理员等职业纷纷出现。

1987年9月14日晚上，北京车道沟十号院中一座树木掩映的小楼里（中国兵器工业计算机应用技术研究所所在地），中国第一封电子邮件从这里发出——"Across the Great Wall we can reach every corner in the world（越过长城，走向世界）"。这是西方世界第一次通过互联网听到了来自中国的声音。中国互联网蹒跚起步，伴随着60后的第一代互联网不断成长，开始"走向世界"，30年后，一个互联网大国已崛起，中国将成为下一代互联网时代的风向标，诸多仍处于想象的应用将只有中国有能力实现。伴随着元宇宙技术的不断成熟，中国5000年的灿烂文化将重新焕发活力，广袤的国土、将近10亿的用户、每年超过800万的有创造力的年轻人加入，在数字经济、元宇宙时代将影响乃至引领了整个世界的发展。

进入21世纪以来，中国的消费电子产业从2000年前后开始的PC与互联网时代，到2010年前后开始的智能手机与移动互联网时代，计算平台进化一波快似一波。当年计算机还在双核、四核时代的时候，现在八核的智能手机已经随处可见了。当年打开网页非常慢，视频卡得让人抓耳挠腮，现在千兆光纤入户，随时随地可以刷视频、发视频。伴随着硬件的智能化，移动互联网行业也迎来了大爆发，创业机会无处不在，现在只要能想到的应用场景，几乎都有App或者智能硬件在做。当今中国的硬件制造能力、软件开发能力、行业人才数量已引领数字技术行业的发展，从互联网时代的C2C（copy to China）到移动互联网时代的2CC（to China copy）。2022年，埃隆·马斯克收购推特后公开表示要全面参考微信，Facebook推出的Hello功能是对搜狗号码通进行的模仿，Messenger上线了类似于微信支付的好友间转账功能，Google上线了在搜索结果中买票的功能，可以通过内容搜索到 App，在结果页直接安装，这些功能早已经在百度得到了应用。

过去 10 年中，从 PC 到智能手机，从智能手表到智能腕带，从智能家用电器到智能水杯，从智能门锁到智能马桶，年轻一代的中国互联网从业者家里拥有越来越多的智能联网设备，这都是国内消费电子产业积极抓住时代机遇并实现快速发展的成果。我国已经成为名副其实的全球最大的消费电子产品出口国和消费国，同时也是全球消费电子整机制造的主要国家。在智能网联车领域，2021 年，中国 L2 级辅助驾驶乘用车新车市场的渗透率达到 23.5%；2022 年上半年，具备 L2 级辅助驾驶功能的乘用车销量达 288 万辆，渗透率升至 32.4%，同比增长 46.2%，预计 2025 年中国市场渗透率将超过 75%，高于全球 60% 的平均水平。

2020 年全球可穿戴设备出货总量为 4.45 亿台，同比增长 28.4%，未来几年将继续增长，到 2023 年将达到 5.48 亿台，其中中国出货量将达 2.79 亿台。"宅经济"、无接触经济需求拉动了 VR/AR 在 B 端和 C 端的场景应用加速落地，据 IDC 统计，预计 2024 年 VR/AR 终端出货量将超 7500 万台，其中 AR 占比升至 55%，预计 2020—2024 年五年间全球虚拟现实产业规模年均增长率约为 54%，其中 VR 增速约为 45%，AR 增速约为 66%。作为元宇宙硬件支撑的 VR、VR 设备大规模进入市场，从算力、屏幕、人工智能、区块链等技术以超摩尔定律的速度融合发展，数字人、NFT、工业制造、文化旅游、健康、环保、教育、运动等领域的元宇宙应用也将全面升级，带给人们的体验将会更震撼、更有冲击力，让人们的工作、生活更加有趣、高效。

第二节
从灵境到智界，钱学森这样定义元宇宙

人生最大的快乐不在于据有，而在于追求什么的过程。

——博胜之道

元宇宙（Metaverse）是基于区块链、通信技术与虚拟现实技术的具有感知和创造属性的 3D 空间，是创新型的"Z 时代"的数字空间。随着数字技术以超摩尔定律的速度发展，人类感官的作用领域得到又一次的延伸。有人说元宇宙一词来自 1992 年出版的美国科幻小说《雪崩》，如果认真地学习过钱学森的相关著作，你就知道中国研究得比国外更早，早在 1990 年 11 月 27 日，钱学森在写给汪成为院士的信中提到 Virtual Reality 可以译为"人为景境或灵境"，把 Virtual Reality 翻译称"灵境"并不是钱学森的心血来潮，而是经过了深思熟虑。1992 年、1993 年钱学森一直对灵境技术保持着高度的热情。在 1994 年 10 月 10 日，钱学森在给戴汝为、汪成为、钱学敏的信中提道："我近读汪成为同志写的《灵境是人们所追求的一个和谐的人机环境，一个崭新的信息空间（cyberspace）》颇有启发，还看了《高技术通讯》（1994 年 9 期 39 页—43 页）清华大学计算机系曾建超同志及石定机同志写的《虚拟现实技术及系统》。钱学敏同志则多次在她写的文章中提到灵境技术与大成智慧的关系。由此引起我的一个想法：灵境技术是继计算机技术革命之后的又一项技术革命。它将引发一系列震撼全世界的变革,一定是人类历史中的大事。"1996年3月1日,在给汪成为的信中,钱学森指出:"从灵境系统开始的这种结合则是融合,是把人'神化'了,成为'超人'!'超人'的感受可以大到宇宙,小到微观,成'仙'了!这真是人类历史的一次大革命,就如人类有了语言、文字!这将是21世纪后半叶的事。"直到1998年6月18日,钱学森还就Virtual Reality的定名问题致函全国科学技术名词审定委员会,指出用"灵境"是实事求是的。他说,Virtual Reality是指用科学技术手段向接受的人输送视觉的、听觉的、触觉的以至嗅觉的信息,使接受者感到如身临其境。这临境感不是真的亲临其境,而是感受。"灵境"比"临境"好,因为这个境是虚的,不是实的,所以用"灵境"才是实事求是的。

如果说通过元宇宙让人们知道了"灵境"是钱学森对Virtual Reality的定义,那么"智界"就是钱学森对cyberspace的命名,并且是他在1995年3月6日与钱学敏教授的通信中提到国外有个词"cyberspace",即大成智慧或译成"智慧大世界"(简称"智界")。出现在《雪崩》中的Metaverse,有的人翻译成元宇宙,有的人翻译成超元域,钱学森在20多年前命名的"智界"更适合中国。通过不断迭代的技术不断组合,钱学森为人们描述的智慧生活和工作正在一步步到来;而人们要做的就是要掌握其背后的技术并且把技术落实于应用,让技术更好地为工作和生活服务。从技术角度来看,智界与区块链有异曲同工之处,也是一项集合技术。智界包含了人工智能、VR、AR等在内的渲染显示技术、底层的操作系统、基于区块链的内容创作和经济系统、高品质的移动通信技术,当然也离不开处理器和屏幕等硬件基础设施,其具体技术有如下五种。

(1)通信技术。从1G到现在的5G,人们深刻感受到通信技术的改变给工作和生活带来的变化。1G时代,不仅通信费用居高不下,通话质量还非常差；5G时代，人们不仅不用再为话费等费用担忧，还实现了随时随地视频通话。作为基础设施，通信技术输出的通信能力和品质影响着人们对包括元宇宙在内的所有技术的体验感受。

（2）边缘计算。从中心化的计算到分布式的边缘计算，计算能力决定了人们的体验，从当年卡顿、发热的智能手机到现在的可穿戴设备随时随地处理数据，边缘计算能力决定了设备的体验。

（3）显示技术。LED、OLED、曲面屏等，作为交互重要方式之一的屏幕让人们真实地感受到世界，触摸世界，与世界交互。

（4）区块链技术。通过智能合约，去中心化的清结算平台和价值传递机制，保障价值归属与流转，实现经济系统运行的稳定、高效、透明和确定性，让创作者、分享者、使用者根据贡献获得收益，保证了系统的有效运营。在元宇宙中，每个人都将会有一个通证。

（5）人工智能。作为算力和算法的提供者，聪明的大脑让元宇宙中的所有技术都能更高效地匹配。

不管是《失控玩家》还是《黑客帝国》，要想实现从现实世界到元宇宙的跃迁，都离不开上面五种技术能力。未来已来，数字化迁徙运动已经开始，物理世界中商务、社交、社会治理等行为都将被数字世界乃至元宇宙映射甚至超越，人们一定要抓住机会做好迁徙准备,越早迁徙越好。人们如果回到1994年互联网正式商用的时候，几乎想象不到未来20年后互联网对人们的生活和工作带来的改变，但现在，未来30年元宇宙带来的变化可能将远远超过互联网。元宇宙到现在可能还存在体验性差、参与感不强等这样或那样的问题，但出于什么时候加入、以什么姿态加入、扮演什么角色、有什么样的贡献却是每个人都可以主动把握的。

第三节
传统到数字经济，不一样的模型，不同的指标

从不浪费每个螺丝钉到不放弃每个有趣的灵魂。

——博胜之道

2020年1月13日消息，腾讯公司的股票在前一周交易日涨至398港元，总市值约3.81万亿港元，在1月9日和1月10日两天，腾讯连续2日股价涨超2%，累计涨幅4.24%，市值增长超过1500亿港元。

2020年年初腾讯股价连续多日出现大幅增长，一大原因是微信刚刚公布了2019年的主要数据。根据微信在1月9日发布的"2019年微信数据报告"，截至2019年9月，微信活跃账户数达11.51亿人，同比增长6%；微信运动日人均步数为6932步，周末少于100步的高达1200万人。

同时，微信还第一次公开了小程序电商的成交数据。2019年，微信小程序电商成交额8000多亿元，同比增长超过160%。在截至2019年9月30日的12个月期间，拼多多的平台成交额为8402亿元，在成交额方面，微信小程序电商已经逼近拼多多。

报告中还提道，在2020年，微信还将上线和完善一些功能，包括小程序电商增加直播功能、搜一搜有了商品标准化内容展示、企业微信作为售前售后管理工具，甚至即将开放微信5000人好友数量上限。

反观腾讯的 2019 年第三季度财报，却并不是那么理想。

2019 年 11 月 13 日，腾讯发布了该年的第三季度财报。截至 2019 年 9 月 30 日的第三季度，腾讯公司的收入为 972.4 亿元，虽然同比增长 21%，但不及市场预期的 990.44 亿元；净利润为 203.8 亿元，不及市场预期的 235.31 亿元，同比上一年同期的 233.3 亿元更是降低了 13%。

第三季度，微信及 WeChat 的合并，用户依然在保持增长，月活跃账户数为 11.51 亿人，同比增长 6.3%，环比上季度增加了 1800 万人。

微信小程序生态也随微信月活跃账户数的增长继续发展，第三季度，小程序的日活跃账户数已经超过 3 亿人。微信开始在九宫格中为线下小程序导流，此前，腾讯曾两次公布小程序日活跃账户数，一是 2018 年 1 月的微信公开课 Pro 版，小程序上线一年，日活跃账户数达到了 1.7 亿人；第二次是 2018 年 11 月，马化腾透露小程序日活跃账户数达到 2 亿人。和 2018 年相比，2019 年小程序的日活跃账户数增长在加速。

同样再看中国另外一个知名的互联网公司阿里巴巴的财报，在 2019 年 11 月 1 日发布的第二财季财报中，阿里巴巴在营收、净利润两项硬指标上均保持了高增速。

财报显示阿里巴巴的用户数还在增长，截至 2019 年 9 月底，在中国零售市场上的年度活跃消费者数量达到 6.93 亿人，比上一季度的 6.74 亿人增长了 1900 万人。2019 年 9 月，在中国零售市场上的移动端月活跃用户数量达到 7.85 亿人，比上一季度增长了 3000 万人。

张勇再次强调了阿里巴巴超过 7 亿的日活跃用户"不只来源于一二线城市，更多的来自低线城市"。

在本季财报中，阿里巴巴强调了体系内产品导流效果显著。据财报披露，报告期内，约有 39% 的外卖用户来自支付宝 App，从整体来看，本地生活服务用户占阿里巴巴整体用户比例不足 25%，因此阿里巴巴认为体系内互相导流潜力巨大。

从以上两个财报及财报的解读可以看到未来趋势，与传统经济的上市公司考核重点不同的是，这两家数字经济企业的代表都在财务数据之外更注重业务数据的增长。不管是阿里巴巴还是腾讯，财报中都使用了较大的篇幅对用户数据的增长进行了描述，从每日活跃用户到月度活跃用户，从用户平均收入值到活跃用户平均每日在线时长等成为数字经济企业新的 KPI。

解读完代表数字经济的阿里巴巴和腾讯的主要绩效指标，再来看一下新旧动能转换背景下的地方政府的经济指标。

北京市 2020 年政府工作报告指出：全市地区生产总值比上年增长 6.2% 左右，一般公共预算收入增长 0.5%；居民消费价格上涨 2.3%，城镇调查失业率保持在 4.4% 左右，全市居民人均可支配收入实际增长 6.3% 左右；单位地区生产总值能耗、水耗分别下降 4% 和 3% 左右，细颗粒物年均浓度降至 42 微克/立方米。

深圳市 2020 年政府工作报告指出：2019 年本市生产总值 2.69 万亿元，增长 6.7%，提前完成"十三五"规划目标任务；辖区公共财政收入 9424 亿元，其中地方一般公共预算收入 3773 亿元，增长 6.5%；居民人均可支配收入增长 8.7%，规模以上工业企业利润总额增长 15% 左右。全年新登记商事主体 50 多万家、总量超过 320 万家，新引进人才 28 万人，发展更具韧性和活力。

河北省 2020 年政府工作报告指出：经济运行稳中有进。预计全省生产总值增长 7% 左右，地方一般公共预算收入增长 6.5%，固定资产投资增长 6% 以上，规模以上工业增加值增长 5% 左右，社会消费品零售总额增长9.5%左右,居民消费价格上涨3%左右。

产业结构持续优化。服务业增加值增长10%左右,占生产总值比重超过50%。战略性新兴产业增加值增长10%左右,高新技术产业增加值增长12%左右。国家级高新技术企业突破7000家,科技创新工作连续两年获国务院通报表扬。

改革开放全面深化。九大重点改革有力推进,161项年度改革任务基本完成。中国(河北)自由贸易试验区获批挂牌,外贸进出口增长10%以上,创近年来新高。

民生水平不断提高。城乡居民人均可支配收入预计分别增长8%和9%左右,城镇新增就业89.6万人,超额完成年度计划,35.4万贫困人口稳定脱贫。棚户区改造开工12.7万套,完成农村危房改造7.7万户,改造老旧小区2779个。20项民心工程全部完成。

GDP、投资强度、亩均税收……尽管区域不同,经济指标有所不同,但与企业发展相关的指标更多是与传统经济企业相关的。固定资产投资、占地面积、纳税多少、解决多少人的就业,这些指标的背后反映出了新旧动能转换中存在的部分问题,即以传统经济指标来比对数字经济发展。

相比于农业经济、工业经济等传统经济,数字经济具有鲜明的新特征:一是资源无限,数字经济的发展不再局限于依于能源、土地等资源,更追求资源的深度挖掘和持续优化,也就是从有无问题向优劣问题进行转化。二是时空无界,产品和服务需要突破传统时空观念上的思维、逻辑,加快从有形向无形转化。三是身份多元,个人和企业的身份界限变得模糊,既是生产者、消费者,又是传播者、营销者,同时还存在着虚实空间身份的随机、随时转换。四是数据驱动,数据成为新的核心生产资料和核心资产，并取代货币成为新的资本。由此带来的是，产品模式、商业模式、管理模式、思维模式、发展模式等都将随之发生重大变革。五是创新驱动，2020年11月20日，中国国家主席习近平出席亚太经合组织第二十七次领导人非正式会议时指出，"数字经济是全球未来的发展方向，创新是亚太经济腾飞的翅膀"。2021年10月18日，习近平总书记在十九届中央政治局第三十四次集体学习时指出，"面向未来，我们要站在统筹中华民族伟大复兴战略全局和世界百年未有之大变局的高度，统筹国内国际两个大局、发展安全两件大事，充分发挥海量数据和丰富应用场景优势，促进数字技术和实体经济深度融合，赋能传统产业转型升级，催生新产业新业态新模式，不断做强做优做大我国数字经济"。元宇宙、区块链、人工智能等代表的数字经济是产消融合的经济，生产者与消费者的界限日益模糊，生产者即消费者，消费者也可以参与生产，比如人们在看视频的时候可以随时发送弹幕，用户发送的弹幕有可能被创作者、编剧用到新内容的生产中去。在元宇宙第一股Roblox中用户可以设计自己的游戏、物品、外观和服饰，还可以玩其他开发者创建的各种不同类型的游戏。Roblox在积累了一定的玩家与游戏开发者后，2008年就停止了自己开发游戏，鼓励用户参与开发游戏。

元宇宙、区块链等数字经济领域的企业在发展早期对土地没有太多的需求，创业初期甚至到了高速增长阶段都不会带来多少税收贡献，也解决不了太多的就业，更不要说固定资产投资了，因为大量的互联网企业、区块链等数字经济企业本身就是轻资产运营，所有的资产就是人才及通过人才协作创造的互联网产品、背后的数据和相关的专利等知识产权。但从地方政府角度往往希望企业占地，承诺税收，投资强度大，解决就业。这种思路如果不能获得转变，新旧动能转换就还需要等待较长的时间，而一些了解数字经济产业发展特点的地方政府已经开始向数字经济发展方向转变。2021年我们受邀参加邢台市委"开门听建议"专题座谈会时，就邢台市高质量赶超发展提出了如下五点建议。

（1）抢抓数字经济发展机遇。数字经济时代，数据要素价值变现是最主要的发展模式，数据主要在政府的大数据中心。发展数字经济是可以实现换道超车的，不管是贵阳市还是张家口市的数字经济发展规划与实践都证明了这一点。邢台市可以通过区块链等新基建打造自己的城市大脑底座，以此为契机引进一批数字经济企业，包括数据的治理、中介、交易及数据资产的评估，打造的数据开发为核心的产业，还可以衍生出数据需求的算力、数据的存储、数据的标记、数据的安全等周边的产业。领导干部需要持续做好数字经济相关专题培训，在邢台市定期举办数字经济论坛，在数字经济博览会期间举办邢台专场，让更多的领导干部具有数字经济相关知识储备与数字经济发展观念；抓住优秀人才和给予足够的政策，完全可以让邢台市在数字经济时代实现换道超车。

（2）数字经济与传统经济融合越来越深入。邢台市可以挖掘当地特色产业群，引入知名企业或行业龙头，以龙头企业为带动，促进本地企业进园区形成产业聚集，推进数字经济产业园的建设，并且制定有针对性的支持政策如贷款利息优惠、税收奖励、研发支持等。例如巨鹿县以引进金银花深加工企业为契机建设金银花庄园，任泽区可以引进无人驾驶相关企业建立产业园，提升包括雾炮车在内的机械制造产业升级。

（3）邢台市先进制造业的发展要积极与北京市、雄安新区对接，争取做到北京和雄安研发、邢台制造，让邢台制造业在提质升级的同时更好地与京津冀协同发展、实现战略匹配。

（4）加强资本招商力度。数字经济发展离不开资本的支持，可以通过与不同的机构合作成立一支乃至多支政府引导基金，同时强化与投资机构的合作，通过投资机构合作进行招商，像合肥经济的快速发展已经充分展示了资本招商的力量。数字经济时代的产业招商，大数据部门和招商部门可以组成数字经济产业招商专班队伍，配合提供政府大数据中心的各类数据支撑，据此招引符合条件的企业，进行本地化开发和运营。

（5）加强创业服务业的支持力度，加大创业培训、众创空间、集中办公空间、FA机构等在内的创业服务业的培育力度，繁荣创业服务业生态。

我们在为巨鹿县委县政府等四大班子领导干部做完区块链与数字经济专题讲座后的研讨会上，提出了关于招商引资的八点体会，具体内容如下。

招商引资、区域发展的"八大金刚"

我们于2007年开始创业，2012年开始投资孵化了27家公司，带团队开发代运营包括《中国好声音》官方报名App在内的数十款互联网、区块链应用，开办了两期金融科技大数据CEO班、56期的乐智众创投融汇和5期的创业训练营；我们在投资孵化、上市并购行业结识了不少朋友，不是创业者、企业家，就是投资人，当然也不乏上市公司的董高监。从2014年到2017年我们参与出版了一本互联网和一本众创领域的畅销书，为各地政府四套班子、行业协会、上市公司协会等做过专题讲座，这个过程不断有地方政府工作的朋友找到我们，让我们帮忙推荐企业、进行招商。几年下来，我们帮助地方政府引荐过、对接过的企业有300多家，参与过的招商洽谈近百次，无意间看到了朋友圈转发的合肥政府的招商模式给了我们很大启发，结合之前的思考，谈谈我们对地方政府招商引资和区域发展的八点体会。

（1）强化数字经济认知。数字经济是科学技术创新驱动的经济，就像"工业的精神不是制造供女王穿的精致丝袜，而是让女工也能穿得起丝袜"一样，科学技术的进步也不是让某一个特定的群体拥有更多的特权，而是让普通民众的生活过得更好，就像随着通信技术、家电技术的演变，从当年只有少数人才能使用昂贵的"大哥大"到现在人手至少一部智能手机，从当年有钱人结婚才有的电冰箱、空调到现在家家可以拥有，这些现象的背后就是"创新"二字。创新就要投入，创新就要人才，创新就要资本。要招到数字经济领域的企业，就要在企业（产业）创新所需要的资源如"人才、资本、政策"等要素上下功夫。数字经济具有政策为势、场景为魂、创新为基、算力为器、数据为王、人才为本、供消合一、收益共享的特点，从领导干部到基层办事人员都要提高对创新和对数字经济的认识。数字经济与传统经济模式不同，价值衡量标准也需要优化，不能拿着传统经济评价考核机制来衡量数字经济企业，需要针对数字经济发展制定新的评价考核体系。在征税方面，农业经济时代的土地，工业经济时代的能源、资源、技术等，都可以成为征税对象，同样，数字经济时代的信息或数据，也可能成为征税对象。在数字经济时代，是否要征收专门的数字税，如何确定纳税主体、征税对象、税基、税率等，需要从技术、经济、法律等维度展开研究，尤其应依循相关基本原理并体现相关基本价值，这样才可能有效确立体现数字经济特点和要求的规范，才能充分体现税制的包容性，合理配置税收管辖权，公平分配税收利益，并在此基础上构建"公平、可持续和现代化的税制体系"，针对数字税研究越早的地方政府将会在数字经济发展方面占得主动地位。

（2）突出重点产业。在全产业招商的同时更要结合本地实际突出重点产业。一个地区财力、人才等要素是有限的，并且每个产业（企业）从招商到投产、创造价值，需要多部门甚至是跨领域的协作，每个环节都要落实到位才能保证企业落地生产。例如合肥市政府就可以做到在一段时间内关注一个重点产业进行招商引资，围绕一个重点产业进行产业链梳理，制定相应的发展政策（**地块配套条件、土地价格、能源供应、贷款贴息等**），匹配相应的要素资源。同时，我们也要关注不同行业的创新周期，产业数字化和数字产业化是两种逻辑，不管是选择"数字+"还是"+数字"，都要具备迭代思维。在数字经济领域没有完美的企业，也没有一成不变的模式，每种技术都在不停地更新迭代，并且是快速的迭代。如果想要快速见成果，那就选择创新周期短、供应链短的产业；如果有耐心，具备产业基础，就可以在产业链长的行业下功夫。如果具备战略耐性，就要发展基础设施，发展教育，引进人才，为人才提供优质的生活、工作环境，就像我们在任丘做众创空间的时候就和时任市委书记一直在推进植树造林、打造众创空间、引进高校、制定创新创业政策等，我们的心态就是"功成不必在我，功成必然有我"。由于雄安新区的建立，任丘迎来了千载难逢的发展机遇，2020年8月4日，占地面积1300亩、投资32多亿元的北京语言大学任丘国际教育园区落地任丘，为任丘的下一步发展注入了人才活力。不仅仅是当年我们在任丘的实践具备战略耐心，现在发展好的区域很多都是因当时的领导有战略耐心，比如当年合肥市委书记开创的"投资+产业龙头"模式，为合肥后一步的发展奠定了基石。

（3）资本招商。这里提到的资本招商有两种模式，一种是类似合肥市政府的做法，政府在不同的阶段围绕不同的产业和企业成立专项投资基金；另一种是政府和知名的风险投资基金合作，通过风险投资基金来寻找优质企业。能获得风险投资基金投资的往往是有一定市场竞争力的企业，很多风险投资是赛道逻辑，非常适合地方政府的重点产业发展逻辑。地方政府和风险投资基金可以围绕地方重点发展方向成立专项基金。我国经济从改革开放到今天走过了40多年的发展历史，已经形成了初步的产业资本。地方政府要加强资本运营能力，强化资本招商意识，尤其是在创新驱动发展的数字经济时代，更要注重资本在助推产业发展中的力量，这些创新企业在早期阶段往往都需要资本助力，达到一定的市场规模才会有行业壁垒，所以资本对这些企业来说是非常有吸引力的。

（4）以商招商。在介绍企业与政府合作的过程中，我们发现一个比较高效的招商渠道就是企业家的推荐。因为企业家了解自己所从事行业的特点、企业状况，只要实实在在做企业的企业家，介绍的资源都会比较有效，可以把他的企业招到当地，跟他合作的上下游企业或同行都会被吸引而来。例如江苏宿迁把京东的呼叫中心招到当地以后，很多电商企业的呼叫中心也随之设在了宿迁，这种现象在《众创：群体崛起大时代》中有专门的章节论述。

（5）优化营商环境，加大培育力度。没有一个地方政府不把招商引资、招才引智放在工作规划中，但是看到的却是年年招商商不来，年年引资留不住！核心原因在于没有好的营商环境，就像我们在华夏新供给经济学研究院、北京民营经济发展促进会、中国新供给经济学50人论坛、中国养老金融50人论坛联合主办的2020年第二季度宏观形势分析会的圆桌论坛上所说的那样，如果政府不解决客商的九怕（一怕引进之时拍胸脯，落地之日说了不算，定了不干，口碑扫地，浪费时间；二怕项目推进条条框框多，效率低下，手续烦琐，审批缓慢，失去投资耐心，一走了之；三怕环保一刀切，无条件限产，甚至直接关停，错失商机，延误市场，客户丢失；四怕推诿扯皮不办事，投资一半直后悔；五怕项目还未完工，主要领导变更，前后任意见不一，支持断档；六怕支持政策具体落实细则不清，为政策而来，却不能享受到实际支持，走也不是，留也不是，左右为难；七怕部门检查繁而杂，工作标准不规范，扰企责难时常有，企业疲劳难应付；八怕欺生，项目工程要插手，处处为难设关卡；九怕配套设施水平差，上学就医不方便，购物娱乐层次低，高管团队的稳定性难以保证，人才引进难度大），招商很难成功，经济很难发展。

真正的招商，不仅要把企业招进来，还要让企业在这里留得住、发展得好，这就需要优化营商环境，提高办事效率，针对重点发展产业制定相应的产业发展政策。当然这个政策不仅仅是针对引进的企业，本地企业也可以享受，就像一些人大代表提出的"不管是本地企业还是外来企业，我们的政策要做到一视同仁"。针对数字经济时代的营商环境，我们提出了八条建议。

1) 监管中体现服务，服务中加强监管。

2) 设置监管沙盒：做好创新试点。

3) 有一说一，有二说二；不好谈，但好干；项目评审，集体决策；相关条款，写进协议；双方盖章，法律保护；把无证明城市和信用城市建设落到实处，让客商看得见、摸得着、感受得到。

4) "专员+专班"全程帮办，"妈妈式服务"，马上就办，办就办好，坚持一般事项不过夜、疑难事项不过周、复杂事项不过旬。

5) 精细分类管理：符合环保要求的生产项目，列为"白名单"企业，发"不停产证"，保证不间断生产。

6) 每季度进行"低效能部门"评定，大数据匿名投票，考评结果全市晾晒，舆论倒逼作风转变，纪委开设投诉专线/公众号，一线/一号直达，发现一例，查处一例，决不姑息；霹雳手段，雷霆力度，治理不作为、乱作为。

7) 重点项目、重点企业逐级逐项设立"免扰牌"，不经政府主要领导批准不得擅自进入企业。

8) 对不同层次人才提供全方位立体化的引进奖励政策，对投资客商的子女就业、家人就医提供绿色通道，全力建设宜居、宜业、宜游的现代化中心城市。

（6）龙头招商：这里说到的"龙头"分两种。一种是产业龙头。例如合肥引入的京东方等企业，这种产业龙头的带动效应明显，就像合肥对蔚来汽车的投资引进，引来了大众新能源汽车在合肥的投资。另一种是本地龙头企业。一方面很多地区政府不具备合肥政府那样的魄力，另一方面也因为资本、人才等方面的原因，导致数字经济领域的企业难以直接在当地投资兴业，但可以依托本地传统龙头企业进行合资经营；挑选本地龙头企业与数字经济企业进行合作或是合资经营，可以在帮助本地传统龙头企业产业升级的过程中完成人才的培养和技术的落地。中国改革开放早期的很多合资企业就是在这种背景下产生的。

（7）产业聚集招商：乡镇企业的典型模式就是产业聚集，我们因为讲课的原因走过很多产业聚集区，例如任丘市的采暖炉、巨鹿县的金银花、宁晋县的农机、任泽区的雾炮等，这些产业聚集区往往缺乏龙头企业，竞争原始，缺乏创新保护意识，但产业链丰富。地方政府可以依托产业聚集区引进相关产业龙头乃至产业地产商，完成企业入园和产业升级。

（8）校友（老乡）招商：校友是一种宝贵的资源，是一种独特的情感连接。武汉市委书记在武汉市召开的全市招商引资大会上直接喊话陈东升、雷军、孙宏斌、汪潮涌、李书福等武汉各高校杰出校友，号召武汉各高校校友资本回汉、智力回汉，掀起了校友招商热潮。虽然很多地区没有武汉这么多的高校，但可以组织高中校友招商。2017年我们就组织了巨鹿中学校友返校日，还在2015年组织的"京津冀青年互联网创业大赛"上发出了"爸妈喊你回家创业投资"的号召。

在撰写本书的过程中，我们基于河北、天津跟北京的独特关系，又探索出了一种新的招商方式。河北、天津的经济发展不能像珠三角和长三角那样通过深圳、广州、上海等核心城市的辐射和溢出效应让周边城市获得发展，不仅要考虑为北京做贡献，并且在环保、耗能等多方面指标执行得比北京更严格。因此河北、天津的发展就需要在更高的维度进行认真研究才有可能借力北京，在产业发展上要领先北京才有更好的发展机会。在数字经济为代表的科技创新时代，想要获得更快的发展不需要依赖更多的资源，而是需要资本和人才。河北、天津没有更好的优势吸引外部的人才，那就只能通过政策和资本加上特有的家乡情怀进行招商了。我们可以通过校友会、老乡会等资源把在北京、上海等外地经营得不错的河北籍、天津籍优秀企业家、创业者组织到一起，通过众筹的方式给他们规划一个连带住宅的产业园区，购买住宅的前提是公司在这个产业园进行经营。在这个园区工作的企业员工有优先购买政策支持的住宅的资格，企业副总以上有资格购买政策支持的联排别墅的权利，入驻园区的企业员工的家属有优先条件获得优质教育、医疗的资格。政府也可以从中选择一些优质的企业进行投资。通过相关政策的支持和较好的生活条件，相信可以吸引一批企业家、创业者入驻，我们目前正在天津和河北各地区探索和实践这种招商引资模式。

第四节
数字经济时代，财富被重新定义

人是悬挂在自我编织的意义之网上的动物。

——马克斯·韦伯

当社会进步到人们对一辆汽车的价值感不如30年前对一辆自行车强烈的年代，当无人驾驶汽车成为人们流行的出行方式的时候，原来你所拥有的和你的价值观都在面临着时代的冲击。在人工智能得到极大的普及、数据成为资产进行交易的时代，你会发现原来你所有的存款没有了应用场景。你可能会觉得这个时代距离你很遥远，但我们想告诉你的是，人类已经进入了这个时代，这就是信息传递成本伴随着传播规模的扩大无限降低，甚至趋近于零的数字经济时代。在这个时代，信息互联网向价值互联网升级，传递信息的同时实现了价值流通；在这个时代，只有原创信息本身才会具有价值甚至超额价值；在这个时代，人们将会迎来新的组织方式，就像以太坊的协作模式那样，达成共识的每个独立个体和机器将会自由协作，人们根据自己的知识结构和认知能力自由地发起或参与某个协作网络；尤其是伴随着超摩尔定律的发展，硬件设备和信息传输成本极大地降低，人们的财富观将会被重新定义。

我国是世界上最早使用货币的国家之一，使用货币的历史长达5000

年之久。从自然货币贝壳到未来的数字货币，伴随着人类社会的进步，充当交易等价物的形态伴随着科学技术的发展不断地变化。不同的货币形态反映了不同时间内人们对财富的认知；正如河北省数字经济联合会会长吴显国所说的"工业时代讲效益，数字经济时代讲链接"一样，不同时代人们的认知不同，当然对资产和财富的评价也不同，财富标志也从对土地和劳动力的所有权和支配权，不断进化升级到数字经济时代对数据等生产资料的支配权，这时候与其说关注所有权不如说更关注的是使用权。

从原始社会到农耕时代，受限于生产工具和生产技术，土地是重要的生产资料，人力、畜力是重要的生产力，农耕时代人们对财富的衡量标准单一，当时衡量财富的标志是土地和劳动力的占有量。受限于媒体的传播广度和多样性，人们的互动范围有限，即使有"天才"也很难被发现。

工业时代的财富标志是在农耕时代的基础上增加了资本和工业技术的所有权和支配权，伴随着以蒸汽机为代表的第一次工业革命和以电力为代表的第二次工业革命的出现，技术的快速发展让人类的生产工具和生产力得到了极大的释放，单位面积土地对劳动力的需求进一步下降，产值以几倍的速度提高，工业时代财富标志变成了有没有工厂、有没有企业。这个时期社会开始分层，认知相对多元化，伴随着生产工具、生产力和生产技术的进步，人们开始了精细化的分工协作，电视、广播等多媒体技术日渐丰富，各种技术专家、小能手开始出现。

在农业、工业时代的财富尚未得到充分满足之际，一场"代码即法律，一切皆算法"为代表的数字化浪潮席卷而来。在这个时代，每个行为都将数字化，一切皆数据，数据即资产，资产可以快速确权、定价、交易，伴随而来的是人们将会迎来数据资产化、证券化的财富时代。在数字经济时代，随着以无人驾驶技术为代表的共享经济模式的逐渐成熟，共享经济必然会成为未来商业社会中的重要组成部分；Airbnb（爱彼迎）、自如客、共享民宿等成为人们住宿的新选择，如果想要体验新的生活方式，可以拿起手机、语音呼叫电视等随时预定，体验结束后只要收拾好自己的东西离开即可，剩下的物业费、维护费、房产税等都不会打扰你。

  尤其是区块链这种对新生产资料数据确权、定价、交易的新型基础设施的出现，人们真正迎来了数字经济时代。在数字经济时代，人们对农业时代、工业时代实物带来的财富感将逐渐消失，而对看不见、摸不着的信用、数据、能力的追求将会变得越来越重要。信用这个大规模社会化协作的基石在数字经济时代是每个人最重要的资产，在数字经济时代，基于区块链技术把一个个的"信息孤岛"链接起来，每个人的学习历程、成长经历、工作经历、消费行为、运动数据等都会成为信用的一部分。在我们筹建的乐智众创大学中你将会看到我们的人才银行就是通过这些数据产生的信用，可以对一个人的能力进行证券化、份额化而实现定价、交易。随着党的十九届四中全会审议通过的《中共中央关于坚持和完善中国特色社会主义制度、推进国家治理体系和治理能力现代化若干重大问题的决定》中把数据这个生产要素和劳动、资本、土地、知识、技术、管理等生产要素并列之后，人们将会迎来数字资产大爆炸时代，对财富的认知也需要随之升级。现在的农业已经开始了立体种植、养殖，包括无土栽培、立体养鸡，"二师兄"（猪）都已经开始实现了多楼层的养殖，这意味着第一产业的农业已经在逐渐减少对土地这种生产要素的依赖。在第二产业，随着技术的快速发展，楼宇经济成了工业发展新模式，尤其是2020年新冠疫情的突袭而至，有望推动无人工厂这类生产形态更加普及，即由具备一定人工智能的机器人代替工人在生产线进行生产操作，第二产业对土地和劳动力的依赖进一步降低。

在数字经济时代，人们对财富的追求更加多元化，对传统财富的关注度进一步下降。在生产力、生产工具极速进步的时代，人们对社会的认知更加多元，社会生态呈现多样性，媒体形态百花齐放，内容无所不包。不是每个人都可以成为天才，但是一定数目的人里面一定会有天才。在农耕时代或工业时代，信息的传播效率低，陌生人规模化协作难度大，即使是天才也很难被发现。这才会出现1983年的第一届春晚4个多小时的演出中，李谷一一个人就演出了6个节目之多。而在数字经济时代每个人都可以成为有影响力的人，都有自我实现的可能，都会实现自己的财富增值。

数字经济已经成为社会经济发展的重要增长引擎。与传统经济不同的是，数字经济首先是相信未来，然后才是看见未来；而传统经济的模型是看见未来，才有可能相信未来，就像我们在乐智众创青少年编程教材中的《畅想未来，理解未来，触摸未来，创造未来》一文中所写到的那样："这不仅仅是顺序的不同，更多的代表了经济模型的底层逻辑和思考逻辑的不同。"

传统经济是具象经济，所有的东西都是可以触摸、感知的，但数字经济时代的东西是不可以被触摸，很难被感知的。就像大多数人都不知道以微信、淘宝为代表的数字经济时代产品是如何被开发出来的一样，但人们可以清楚地知道传统经济时代的房子、加油站等实体物品是如何被制造出来的。

从传统经济到数字经济的背后，是从以牛顿三大定律为代表的低速运行的物理时代到以爱因斯坦相对论为代表的量子物理时代，在不久的将来，人们将会看到传统经济与数字经济融合发展，多种经济模型和商业模式交叉生长，就像很多传统商业的人总在抱怨为什么生意越来越难做了。其实了解数字经济的人都知道，这背后是做生意的逻辑变了，就像一个刚诞生 5 年的坚果公司就可以获得多轮融资并快速上市。与传统经济不同的是，数字经济时代崛起的公司背后是一个个有鲜活生命力、有性格、有故事的人物，所以才会出现那句话："从不浪费每个螺丝钉，到不放弃每个有趣的灵魂。"

第五节

科技创新：
从产品创新到集群创新

能够生存下来的物种，并不是那些最强壮的，也不是那些最聪明的，而是那些对变化做出快速反应的。

——查尔斯·罗伯特·达尔文

党的二十大报告中"科技"一词高频出现，报告中指出，高质量发展是全面建设社会主义现代化国家的首要任务。坚持创新在我国现代化建设全局中的核心地位。完善党中央对科技工作统一领导的体制，健全新型举国体制，强化国家战略科技力量，优化配置创新资源，优化国家科研机构、高水平研究型大学、科技领军企业定位和布局，形成国家实验室体系，统筹推进国际科技创新中心、区域科技创新中心建设，加强科技基础能力建设，强化科技战略咨询，提升国家创新体系整体效能。深化科技体制改革，深化科技评价改革，加大多元化科技投入，加强知识产权法治保障，形成支持全面创新的基础制度。培育创新文化，弘扬科学家精神，涵养优良学风，营造创新氛围。扩大国际科技交流合作，加强国际化科研环境建设，形成具有全球竞争力的开放创新生态。

坚持面向世界科技前沿、面向经济主战场、面向国家重大需求、面向人民生命健康，加快实现高水平科技自立自强。以国家战略需求为导向，集聚力量进行原创性引领性科技攻关，坚决打赢关键核心技术攻坚战。加快实施一批具有战略性、全局性、前瞻性的国家重大科技项目，增强自主创新能力。加强基础研究，突出原创，鼓励自由探索。提升科技投入效能，深化财政科技经费分配使用机制改革，激发创新活力。加强企业主导的产学研深度融合，强化目标导向，提高科技成果转化和产业化水平。强化企业科技创新主体地位，发挥科技型骨干企业引领支撑作用，营造有利于科技型中小微企业成长的良好环境，推动创新链、产业链、资金链、人才链深度融合。

党中央强调，贯彻新发展理念、推动高质量发展是关系现代化建设全局的一场深刻变革，即不再简单以生产总值增长率论英雄，而是要实现创新成为第一动力、协调成为内生特点、绿色成为普遍形态、开放成为必由之路、共享成为根本目的的高质量发展。立足新时代、新征程党的历史使命，党中央从突出创新在我国现代化建设全局中的核心地位出发，将科技、教育、人才放在二十大报告第五部分进行统筹部署，集中表达，既坚持了教育、科技、人才是全面建设社会主义现代化国家的基础性、战略性支撑，又强调了三者之间的有机联系，通过协同配合、系统集成，共同塑造发展的新动能、新优势。

党的十八大以来，以习近平同志为核心的党中央以前所未有的力度强化国家战略科技力量，重要科研主体创新能力不断提升，战略性创新平台体系不断完善，战略性创新资源空间布局不断优化，战略性科技任务实施取得重大突破，推动我国科技事业实现跨越式发展。

10年来，"嫦娥"奔月、"蛟龙"探海、大飞机梦圆、北斗全球组网、5G商用时代开启、三代核电技术取得新突破……这些成果背后，国家战略科技力量都发挥了重要作用、展现了使命担当。一支体现国家意志、服务国家需求、代表国家水平的"科技王牌军"不断推动我国科技事业实现跨越式发展。

人类自诞生以来，主要面临的两大挑战是生存和发展。自工业革命开始，人口数量开始出现飞速增长，伴随着人口的快速增加，人类对食物、水等资源的消耗需求不但越来越大，而且是多层次的不同需求，但是地球上的资源是有限的，导致环境问题日益突出，人类的生存压力越来越大。如何解决这些问题呢？人类开始了多种尝试——一种是向外太空拓展，正如以"嫦娥工程"、中国空间站为代表的航空航天技术变得越来越重要。另一种是向深海进发，寻找更多的资源，例如以载人潜水器为代表的深潜技术发展越来越快。还有就是优化地球现有的资源配置，通过元宇宙、互联网、区块链、云计算、人工智能、通信技术等科技进步实现降本增效。这些技术在改变人类的生存空间和生活状态，并且是需要通过集群式创新才能够产生的。自第一次技术革命以来，人类社会的创新范式大致经历了"创新1.0"到"创新2.0"，再到"创新3.0"的演化，即从"线性创新"到"创新体系"，再到"创新生态系统"的根本性转变，由单个企业的创新转向价值链与生态系统的创新。21世纪人类迎来的最伟大变革就是科技革命带来的变革，科技对人们的生活和工作都产生了深深的影响，并且这次技术变革在技术上产生了叠加效应。这次科技革命有五个基本特点：一是教育与科学互相影响；二是在科技革命中呈现集群化的态势；三是科技革命发生了周期性的交叉，呈现了一个螺旋上升的迹象，当上一个科技革命出现转折的时候，下一个科技革命就会跟上；四是新知识技术的诞生、扩散消亡的周期变短以及信息的生命周期在变短；五是科技的规律影响和决定了经济规律，过去是经济规律影响科技规律，现在正好相反，科技革命和科技进步的速度在以超摩尔定律的速度发生，科技创新展现了前所未有的生命力。

研究互联网进化史的凯文·凯利（Kevin Kelly），在1994年出版的《失控》一书中以独特的视角和历史尺度向人们描述了未来科技创新方向和很多到现在被一一证明的科学展望，例如数字经济、电子货币、预言机、分布式计算，以及区块链技术，无一不在证明科技创新正在爆发式呈现；凯文·凯利在他的另一本书《科技想要什么》中提出了科学是有生命力的、有规律的，科技创新展现了前所未有的自我生命力，并且科技的规律已经开始影响和主导经济规律。

约瑟夫·熊彼特（Joseph Alois Schumpeter）在经济学界率先提出了"创新理论"，他在1912年出版的著作《经济发展理论》中提出了破坏性创新理论。但是约瑟夫·熊彼特提出的创新背景是一个产品创新和行业创新的时代。而今天的创新已经成为新常态，是以集群性的方式，在所有的环节中同时发生，因此今天的创新是规模性的创新，是发生在21世纪的破坏性的创新，所谓的破坏性就是对传统的科学技术和产业范式产生结构性的影响。约瑟夫·熊彼特和凯文·凯利让人们更好地理解今天所面临和经历的科技革命并非是单纯的科技领域的革命，而是一场改变所有人类生存空间和生活状态的革命。

在《众创：群体崛起大时代》一书中我们对科技创新做过专门描述：在科学发展的过程中有一种现象——汤浅现象。此现象是日本科学史家汤浅光朝在1962年对1501至1950年科技编年表中入选的科学家和科学成果做统计处理而得到的一个总结，描述的是近代科学史科学活动中心转移的现象，具体表达为：当一个国家在一定时间段的科学成果数超过全球科学成果数的25%，则称该国家在此时间段内成为科学中心。在1540—1610年文艺复兴时期的意大利、1660—1730年的英国、1770—1830年的法国、1810—1920年的德国和从1920年开始的美国，都发生了这种现象，而21世纪的"汤浅现象"必然属于中国。

首先，从政府方面看，2017年12月8日，十九届中共中央政治局就实施国家大数据战略进行第二次集体学习；2018年10月31日，中共中央政治局就人工智能发展现状和趋势进行第九次集体学习；2019年10

月24日，中共中央政治局就区块链技术发展现状和趋势进行第十八次集体学习；2020年10月16日，中共中央政治局就量子科技研究和应用前景进行第二十四次集体学习。

其次，从人才方面看，2006年世界卫生组织任命中国的陈冯富珍为该组织第7任总干事；2008年，林毅夫出任世界银行副行长兼首席经济学家，这是世界银行首次任命发展中国家人士出任这一要职；2011年，中国人民银行前副行长朱民正式出任国际货币基金组织（IMF）副总裁，成为首位进入该组织高级管理层的中国人；而从2012年莫言获得诺贝尔文学奖，到2015年屠呦呦获得了诺贝尔医学奖，到2015年《三体》作者刘慈欣获得雨果奖最佳长篇小说奖，越来越多的中国人开始在国际事务中扮演重要的角色。数十年间，美国主宰了毕业生市场，它拥有最高的大学人口比例，在全球主要经济体55～64岁的人口结构中，本科学历的三分之一来自美国，但这一数字在年轻人口结构中出现了变化，目前中国每年的大学毕业生已超过了美国和欧盟，差距还在进一步拉大。保守估计，到2030年，中国25～34岁年龄段的毕业生数量将增加300%，而同期的欧洲和美国约为30%。可以想象，有这样的人才储备量，中国下一波的人才崛起将更加闪耀。

最后，从技术方面看，以BAT为代表的互联网底层的基础设施已经搭建完成，我国的互联网已经走过了以新浪、搜狐、网易为代表的门户时代和以微博、QQ、淘宝为代表的Web2.0时代；下一代的互联网正在以元宇宙、AI、VR开启，在这个时代，人们将会看到大规模的用户协同、新的组织方式、新的生产方式在元宇宙、区块链搭建的新基建和传统的基础设施协同创新。例如"乐智众创"App就是一个所有人都可以提出创意的大市场，通过该App任何人都可以提出创新需求。例如要改进饮水机，就可以把创新思路和需求提交，"乐智众创"App的后台通过人工智能技术分发给相应的专利撰写人员、技术人员等相关专业人员评估创意是否可行，技术是否可行，市场是不是接受等。他们将在 3 个工作日内给出评审建议，不同的评审专家建议的权重不同，评估结果超过 80 分就可以进入实操评估——评估出从创意到样品所需要的资金、人员、专家力量，同时开启专利申报流程，编写商业计划书，待专利撰写完成、商业计划书拟定后可以开始组建创业团队。如果团队组建完成后可以进行独立孵化，就可以邀请第三方创投资本和评估团队对产品和创业团队从商业价值、市场前景、团队组合、竞品分析等多维度进行估值，公司、创业团队和第三方资本根据各自参与股份比例及约定进行资金投入，组织相应的技术人员进行技术开发，市场人员同步开启市场推广。如果组建团队后不进行独立创业孵化，经过第三方对创新价值进行评估，根据评估值对研发团队按照 3∶7 的比例进行奖励。不论是场景优势还是用户规模优势，中国无疑在引领世界的发展，人类将会实现真正的协作，并且是发生在陌生人之间的规模化的协作创新，这是元宇宙时代的科技创新，将推动中国进入集群式创新时代！

第六节
从数字化到智能化的距离
就是人才与天才的差距

每个人都有创造属于自己未来的能力，因为每个人都有自我实现的需求，要做的就是找到自己喜欢的方向，努力前行，不断探索，就可以创造属于你的未来。

——博胜之道

2021年的国庆节，有的人在寄情山水，有的人在追剧，还有的人在刷朋友圈，而"别人家的孩子"——彭志辉在B站更新的《我造了一台钢铁侠的机械臂》刷爆了网络，他仅用了1万元在鸿蒙系统的支撑下做了一支机械臂。如果没看过完整视频的人可能会说机械臂到处可见，有什么了不起的，现在手机里很多部件的加工都是由机械臂完成的，但我们相信当你看完完整视频，就会觉得不一样了。从视频中可以看到机械臂正在做缝合，线虽然有点乱，但如果缝合对象是葡萄，你是不是会感到惊奇？看完裂开的外皮缝补后的效果特写，是不是非常"紧致"，就像没有裂开过一样？

我们在写作过程中，在为多地领导干部讲课时，尤其是在研究金银花采摘机械臂的时候，越来越感受到信息化与智能化的距离、人才与"天才"的差距。彭志辉之所以被称为"天才"，在于机械臂由这位UP主独立完成制造。也就是说，设计图要自己弄，零件要自己组装，代码要自己写，视频还由他自己来进行录制、剪辑、上传……不仅仅是彭志辉，还有擅长经济学知识，编程能力超强的"中本聪"。他们都是凭一己之力惊艳了世界，甚至改变了世界。

在这个创新驱动已经成为中国经济新引擎的时代，不管是经济高质量发展要求，还是低碳经济的发展要求，都离不开信息技术智能化的支撑。信息技术智能化离不开高素质人才。党的二十大报告中指出，培养造就大批德才兼备的高素质人才，是国家和民族长远发展大计。功以才成，业由才广。坚持党管人才原则，坚持尊重劳动、尊重知识、尊重人才、尊重创造，实施更加积极、更加开放、更加有效的人才政策，引导广大人才爱党报国、敬业奉献、服务人民。完善人才战略布局，建设规模宏大、结构合理、素质优良的人才队伍。加快建设世界重要人才中心和创新高地，促进人才区域合理布局和协调发展，着力形成人才国际竞争的比较优势。加快建设国家战略人才力量，努力培养造就更多大师、战略科学家、一流科技领军人才和创新团队、青年科技人才、卓越工程师、大国工匠、高技能人才。深化人才发展体制机制改革，用好用活各类人才。真心爱才、悉心育才、倾心引才、精心用才，求贤若渴，不拘一格，把各方面优秀人才集聚到党和人民事业中来。

从2007年开始，我们也越来越感受到现在高知化的创新创业，其红利期越来越短。现在数字经济领域底层的创新更多的是由天才团队完成的，而一流人才才能完成应用创新，这就是人才之间的差距。以下我们再来说说数字化、智能化到底有什么关联和区别呢？

不管是数字化还是智能化都是信息化的一部分，都要实现从物质世界到信息世界的映射，信息化是充分利用信息技术，开发利用信息资源，促进信息交流和知识共享，提高经济增长质量，推动经济社会发展转型的历史进程。例如，原来提交一个请假申请需要在纸上填一个表格让领导审批，现在变成直接在系统上提交审批；原来账本可以记录进销存，现在使用系统；原来用文档记录的过程现在使用系统来记录，然后通过系统大量的数据分析，给企业经营支撑决策等。这些都是信息化的表现，但这里面又分为不同的阶段——数字化和智能化。

信息化的第一个阶段就是数字化，即完成数据的采集、初步计算、存储、传输、交互等，实现对原子世界的链接、动态捕捉、数据流转，这个阶段可以实现人机互动、机器与机器的简单互动，操作员对通过数字化系统采集的数据进行操作，提高工作效率。因此，数字化解决了企业日常业务流程的效率问题。

但只有数字化是不够的，数字化没有更好地解决"信息孤岛"、大规模协作、机器协作等问题，更不要说在数字经济时代的数据确权、交易、定价等问题了。基于大数据、云计算、区块链、物联网、人工智能、通信网络等技术的不断迭代优化，人们真正迎来了智能化时代。在智能化时代，除了必要的计算机知识、数学算法外，还应把哲学、心理学、生理学、语言学、人类学、神经科学、社会学、地理学等融为一体。一个智能化系统不仅可以消除"信息孤岛"，通过社会大数据驱动的人工智能深度学习，实现社会资源的自动化最佳供需匹配调度，达到产业联动乃至社会化商业，还可以实现无人化、精细化的操作，通过区块链等相关新基建实现数据赋能、数据交易、风险定价，让数字孪生城市、城市大脑等功能能够真正实现。

数字系统的实施需要由一流团队来完成，而智能化的实现必须要有天才团队的支撑。数字经济时代，人们要找到或要成为的只有一流人才，甚至是天才，尤其是拥有跨学科知识结构、善于沟通、会带领团队进行内外部协作的交叉学科人才！

第七节

数字经济发展的引擎
——基于信任的共识

一约既定，万山难阻，日夜奔赴，不见不散。

——博胜之道

信任是一种重要的社会资产，所有的经济活动都离不开信任，离不开某种共识。共识是信任的基础，做交易、进行商业活动、进行经济活动，特别是大规模的经济活动，更离不开陌生人之间的交流。所以人一定是有某种让人信任的方法或者说共识机制，才能够达成这种交易。

2015年10月31日，《经济学人》杂志封面刊登了一篇标题为《信任机器》的文章，这篇文章提出了一个核心观点，即"区块链是制造信任的机器"，并且强调"区块链这个技术创新所承载的意义延伸，远远超出了加密货币本身"。这个定位恰如其分，非常准确。从经济角度来看，区块链真正起到的社会价值，是为人类提供了一个新的信任机制，让人们快速达成协作。就像前面章节中所阐述的，不管是人与人之间的线下协作，还是机器与机器之间的协作，社会的运行、经济的发展都离不开协作，熟人之间的合作因为有信任的基础自然容易达成，陌生人之间协作就需要有一个信任中介。然而，以上这两种协作都是有限的，大规模的协作就需要有一个信任平台,通过这个信任平台让协作更高效、快速、规模化。

人与人之间的信任基础就是共识,没有共识就不可能达成信任,美国作家迈克尔·舍默(Michael Shermer)在他的《善与恶的科学》一书中提出了人类共识秩序的金字塔。

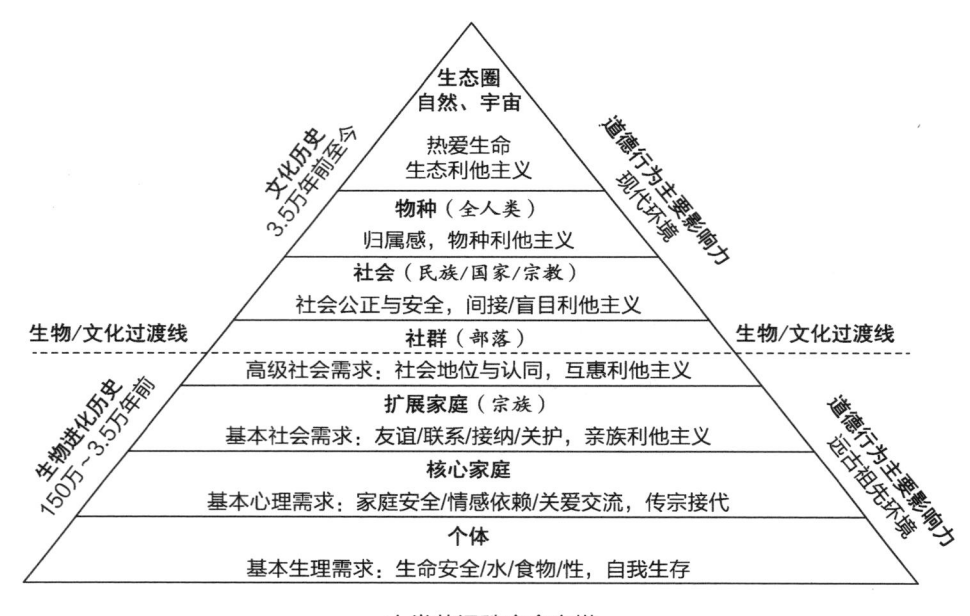

```
                    生态圈
                   自然、宇宙
              文化   热爱生命      道德
              历史   生态利他主义   行为
           3.5万年           主要
           前至今              影响力
                   物种(全人类)    现代
                 归属感,物种利他主义  环境

                社会(民族/国家/宗教)
              社会公正与安全,间接/盲目利他主义
生物/文化过渡线 ─ ─ ─ ─ ─ ─ ─ ─ ─ ─ ─ 生物/文化过渡线
                  社群(部落)
            高级社会需求:社会地位与认同,互惠利他主义
   生物             扩展家庭(宗族)           道德
   进化      基本社会需求:友谊/联系/接纳/关护,亲族利他主义 行为
   历史                核心家庭                主要
150万~3.5万  基本心理需求:家庭安全/情感依赖/关爱交流,传宗接代 影响力
   年前                  个体                 近古
            基本生理需求:生命安全/水/食物/性,自我生存    祖先
                                                  环境
```

人类共识秩序金字塔

人类整个历史的发展,都可以被看作在这个金字塔里面,从下往上不停地攀爬。人类最容易信任的就是自己这个个体,因为这是人的生存需要。但是在个体之外,你可以相信谁呢?就是金字塔的第二层——自己的核心家庭,包括自己的父母、兄弟姐妹和子女。这些人从生物学的角度上说,跟你有直接的传宗接代的关系,这是人的生存本能。

再往上一层,就是所谓的扩展家庭,也就是中国传统社会里面讲到的宗族。这些宗族，虽然不是你的直系血亲，但是这个大家庭多多少少跟你有些血缘关系，所以，从生物学的角度来讲，还是跟你有关联。在中国社会，宗族的力量非常强大，并且宗族文化在中国的烙印非常深，很多经典作品都是反映宗族文化的变迁，不管是《大宅门》《白鹿原》还是《大红灯笼高高挂》都对宗族社会有较大篇幅的描述。

宗族共识再往上就是所谓的部落或者社群了，在城市里可以是居住的社区，可以是同一个居委会的住户，还可以是一个众创空间或者产业园区，在四五线城市可以是一个村庄、一个合作社等。到这一层面，就会有大量的跟你没有血缘关系的陌生人了，大家靠着某种兴趣或者某种利益交换组织在一起进行协作。这个层面需要的原则可能就是人们常常讲的互惠、利他主义，大家因为某种利益你来我往，彼此交换。在这个层面上人们完成了从熟人社会到陌生人社会的过渡，在传统的社会里，这就是所谓的部落。

再往上一层，就是整个社会，也就是通过民族、国家或者宗教把人组织在一起的大的人类社群。无论是新冠疫情还是汶川地震，全球的华人都会尽自己最大的努力去支援受灾同胞，这些都体现了民族或国家的作用。

社会层面再往上一层就是整个物种，不管是动物还是植物等都是一个个的物种。就拿人类来说，走向一体化还有很多路要走，所以这一层面的人类命运共同体，还没有真正到来。

再往上还有一层，就是所谓整个生态圈，自然和宇宙。在这个层面的共识可以把所有有意识、有思维的生命体都看成一个更大的共识范围。所以从逻辑上来讲，可以超越全部人类达到生态层面的一致。用迈克尔·舍默的话来讲：整个人类进化的历史，都是从底层不断地去爬升。

最早的时候人类生活在原始部落，那时候一个部落就几十到上百人；慢慢出现了宗族，产生了小的城邦，然后逐渐地组成了所谓的国家，包括今天的民族国家；随着时间的不断演进，整个人类最终会组成一个全球化的命运共同体。所以你会发现，过去几千年的历史演进，都是不断地扩大人们的共识范围，组成一个个越来越大的人类协作的共识圈。

第八节
越是去中心化，
中心化的力量越强大

懦夫从不启程，弱者死于路中，只剩我们前行，一步都不能停！

——博胜之道

在2020年春节期间，人们的朋友圈几乎每天都被各种新闻刷屏：84岁的钟南山再战武汉抗疫最前线、春晚小品、湖北红十字会、韩红公益基金会、苏州支持中小企业的苏"惠"十条等社会新闻，每天都在朋友圈刷屏；被称为21世纪完全对称日的2020年2月2日20分20秒，朋友圈被照片刷屏了。

国民级移动互联网App微博，每天排名前十的热搜话题中，肯定有五至七条是跟新冠疫情相关的。微信、今日头条、支付宝等应用还专门开设了疫情专栏。这些现象都出现在去中心化的互联网应用上。曾经很多人担心以互联网、区块链为代表的技术去中心化之后社会管控会出问题，但事实上越是去中心化，控制力越强，甚至去中心化的互联网、区块链技术让可信的信息传播更迅速，原来需要层层传达的信息，借助于去中心化的互联网、区块链平台基本上可以做到一天的时间内传播到最基层的单元，不管是党的主题教育工作还是历次大会精神传达，包括这次新冠疫情信息的传达和防控手段的实施。

与以农业、工业为代表的传统经济不同，以互联网、区块链为代表的数字经济最大的特征不是自上而下的管控系统，而是自下而上的去中心化架构。并且去中心化的趋势不是因互联网、区块链的出现而出现，纵观人类历史发展进程，在政治、经济、文化等各个层面，人类社会变得越来越自下而上地去中心化。

市场经济本身背后的逻辑跟互联网、区块链的逻辑是一样的，是靠自下而上自发的秩序，靠市场化这双看不见的手的自我调节能力来优化市场秩序。用自由经济大师弗里德里希·奥古斯特·冯·哈耶克的话来讲，计划经济实际上是设计的逻辑，而市场经济是一个演化的逻辑。人们不会预先设计好市场的逻辑，就像你永远不知道每年有多少家庭需要冰箱、需要什么颜色的洗衣机、什么规格的电视、什么价位的加湿器等，供需达到动态平衡的背后都是市场这双无形的手在调节的结果，而不是计划的结果。

管理也是一样，在工业化为代表的传统经济时代，好的管理都是一种中心化、等级化的管理。因为工业时代会把工人异化成一个生产线上的标准零部件，为了保证最大的效率、最优的质量，每个工人只操作自己的环节，所以会出现"我们每个人都是螺丝钉"这句话。在这种工作环境下，不需要每个人发挥主观能动性，不需要每个人发挥其聪明才智，管理上自然会讲等级，用命令与控制的方式。伴随着互联网、区块链为代表的数字经济时代的到来，人们进入了所谓的知识经济时代，每个人都可以发挥自己的聪明才智，每个人既是体力劳动者，更是脑力劳动者。在这个时代人们就不能再用管理流水线的方法了。管理大师彼得·德鲁克讲过一句经典的话："管理最大的挑战是人的自我管理。"如何激发每位员工的主观能动性和创造性成了数字经济时代管理方式的最大挑战，所以才会出现新办公场景和分布式协作办公软件的爆发式增长。不仅国内，国外更是如此，特别是在那种强调创意、创新的公司，在管理上更会主动拥抱去中心化的管理方式。在代表着全球科技创新能力高地的硅谷，你会发现很多公司的管理是非常扁平化的。例如谷歌从 CEO 到最基层的员工一般不会超过四五个层级。创业早期的谷歌，所有工程师有所谓的 20% 自由时间，每周五天的工作日，有一天是属于自己的，你想干什么就去干什么，在这一天你不需要做公司自上而下安排给你的工作，而是可以跟着你的想象力和爱好去做自己想做的任何事情。正是这种去中心化的管理方法，成就了谷歌发展过程中很多非常伟大的产品，像 Gmail 之类的几十款产品都是在这种去中心化管理模式下创造出来的。有一些比较激进的管理学专家认为，再过 50 年公司制度将不复存在，因为公司本身就是一种分配利益机制的组织，在过去几百年里，公司这种组织形成了一种很有效的运作模式。但是未来随着互联网、区块链的普及，随着生产力和生产工具越来越发达，可以产生所谓自由人的自由联合。未来人们可以通过以互联网、区块链为代表的先进生产工具，把跟项目相关的、有才能的人通过最有效的组合方式联合在一起，通过区块链上的通证进行有效激励，保证做出贡献的人获得公平收益，所以相应的管理方式也需要去中心化。

自然界的生物演化也是去中心化的。达尔文的进化论告诉我们，生物界的万物不是在有思想的逻辑下设计出来的，而是根据随机的变异和大自然的自然选择自下而上演化出来的。达尔文的自然进化学说完成了所谓的物种的去中心化，让人们知道了人类这个物种并没有什么特殊，和其他物种是一样的，都是从低级的物种进化而来。

思想史的发展也是一样的，哥白尼的"日心说"指出地球不是宇宙的中心，地球是围绕太阳转的，所以说哥白尼完成了人类在天文知识上的去中心化。

社会发展的趋势也是一样。20 世纪 80 年代有一本很有影响力的书叫《大趋势》，作者是世界著名的未来学家约翰·奈斯比特，他在书中总结了人类社会发展的十大趋势，例如从工业社会变成信息社会，从国家经济变成全球化经济等，很多趋势现在都已经应验了。十年前有另外一本书也很有影响力，叫《微趋势》，这本书的核心思想是人类社会变得越来越碎片化、多元化、长尾化，不再被几个大的趋势所垄断，而是分裂成了很多小的微趋势，这也证明了世界趋向多元化发展。

有人还专门用很多统计数据来证明这个世界越来越多元化，过去大多数人喜欢大球运动，如篮球、棒球、橄榄球等；今天人们的爱好越来越多元化，很多人喜欢的是小众运动，比如山地自行车、皮划艇等。

当今能源行业的传输管理，发电的集中程度还是很低的，不管是火电、水电还是核电，都分布在世界各地，并不是在一个地方集中发电。发电后再通过国家电网传输到分布在各地的变电站，最后到用电单位。随着以互联网、区块链为代表的数字经济的发展，在能源行业出现了一个新的概念叫分布式再生能源。埃隆·马斯克创建的分布式能源管理公司就是把太阳能电池板铺到家家户户的房顶上，使得每家每户不再是一个被动的电力消费者，而是变成了一个主动的电力生产者。每家每户都可以发电，用不完还可以并网卖钱。虽然在大城市里这种场景可能不多，但在偏远的山村，有着广袤土地的地方，可以通过分布式能源的管理获得现金收入。这跟互联网 Web2.0 的理念一样，在传统媒体时代，每个人都是内容的消费者；伴随着微博、微信等社交媒体的出现，人们进入了自媒体时代，每个人都可以变成媒体的生产者。在这个时代每个人既是消费者，又是生产者。

在工程开发领域也一样，以工业时代为代表的传统经济时代，人们搞一个大的工程，整个过程都是自上而下的，一般会根据设计方案把总目标分解成子目标，根据最后期限倒推，提前规划一年的工作进度然后分解到每个季度、每个月，但最终的产品往往存在与市场脱钩的现象，因为目标已经分解，不能轻易打乱。

在数字经济时代，提倡的是快速迭代和敏捷开发，我们开发"链上城市"等应用的时候把一个试用版——bate 版的产品放到网上，通过公众号文章、试推广和发布会获得第一批用户，在用户反馈的过程中不断迭代产品，仅"链上城市"DApp 就经历了 37 个版本的迭代，所以数字经济时代的产品是生长、迭代出来的，而不是设计出来的。又例如大家都关注的人工智能行业从 1956 年诞生以来，至今已经走过了 5 个发展阶段，也经历了早期的从上而下的重复人类思考的过程，到现在发展为神经网络机器学习，通过分布式的神经网络去抓取更多维度的数据进行深度学习。

早期的人工智能应用基本上都是基于一个专家的经验来进行设计的系统。例如早期的模拟医生，这个人工智能程序会设定一个参考值，低于或高于参考值的结果都是把人类的经验进行重复，所以是一个自上而下的专家经验系统，这个时期的人工智能并不能代替人来思考和推理，系统也没有办法去扩展，因为一旦把这个思考的过程固定了，程序就固定了，所以这个时期又被称为"模拟人工智能时代"。

伴随着网络的快速发展，以及对人体神经网络认知的不断提升，今天人们接触、使用的人工智能能够基于神经网络和机器学习，人们并不知道它们是怎么判断的，人们只需要做的就是优化算法，提供更多维度和更细颗粒的数据，让机器通过学习在数据中找到它们的相关性。现在的人工智能得出结论的过程不再像原来自上而下地对专家系统的贯彻执行，而是人类无法理解、无法设计的。同时，新一代的人工智能系统的好处是它具备可扩展性，只要不断提供新的数据，它就会越来越好用。基于神经网络跟机器学习的新一代人工智能系统之所以能够很好地工作，同样用的是去中心化的自下而上的系统。

以上我们从社会发展、人工智能、能源管理创新等多方面对去中心化进行了举例，得出一个结论：自下而上的去中心化不是一个可怕的创新，而是自然的选择。同时，也不要盲目地崇拜迷信去中心化，包括区块链、互联网在内的生态，并不是一个简单地去中心化。很多人往往忽略长期发展背后的一个事实，那就是在过去几百年里，伴随着去中心化的快速发展，中心化的力量也在不断加强。

2020 年新冠疫情被公开之后，短短一周之内各级政府就完成了广泛动员群众、组织群众、凝聚群众坚守防控的"最后一公里"，全面落实联防联控的措施，在疫情面前构筑起了群防群治的严密防线。

在这次疫情中，去中心化理论支撑下的互联网应用都成了中心化管理的工具。京东在大年三十这个特殊的日子，从全国各地调货分批驰援武汉 100 万只医用口罩，以及从武汉本地仓库就近捐出包括洗手液、消毒液、阿莫西林、奥司他韦等在内的 6 万件药品和医疗物资，以缓解当地医疗物资短缺的局面。

同为电商的阿里巴巴在 1 月 25 日宣布设立 10 亿元医疗物资供给专项基金，从海内外直接采购医疗物资驰援武汉。阿里国际站携手阿里巴巴旗下 LAZADA、天猫国际等多个部门展开"全球寻源"，在数十个国家实地采购口罩、防护服、护目镜等重点物资。首批海外采购的来自印度尼西亚的 7 万多只 N95 口罩，在 1 月 30 日上午 11 点抵达上海浦东机场。

除了京东、阿里巴巴，还有拼多多等电商企业也都参与了这次抗击疫情，它们通过线上宣布将优先保障口罩销售，严令禁止趁机涨价的行为；在线下，所有的物流企业都宣布将优先配送及支援湖北地区医用资源的配送。

除了电商企业和物流企业，各大科技公司也都纷纷伸出援手。快手科技宣布向武汉捐赠1亿元；小米也在集团官方微博宣布，启动紧急援助武汉行动，首批捐赠价值超过30万元的N95口罩、医用口罩、温度计等医用物资；网易有道精品课宣布，即日起将免费为武汉市中小学生提供寒假线上课程。一方有难，八方支援，能做到如此快速的响应，与去中心化理论支撑下的发达的中国互联网应用是分不开的。

随着科学技术的进步，中心化和去中心化的力量都在加强。谈到去中心化的时候，人们往往会产生概念的混淆，"去中心化"并不是没有中心，而是在具体维度、具体层级上的去中心化。区块链2.0代表产品以太坊的创始人维塔利克·布特林，之前写过一篇文章，非常详尽地解读了中心化和去中心化，文章中他提到了三种维度的中心化和去中心化，分别是架构上（物理上）的（去）中心化，政治上（治理层面）的（去）中心化和逻辑上的（去）中心化。区块链是架构层面上的去中心化，没有单一节点能够完全控制，也没有系统架构上的故障引发点。在计算机化系统中，架构层面去中心化而不是控制权层面的去中心化是可能发生的，例如，如果有一个网上社区为了方便而使用集中式论坛，论坛的所有者有恶意行为，那么社区内的每个人都会转向其他不同的论坛。

另一种可能性是，控制权上是去中心化的，但在逻辑（共识）上是中心化的（群体达成的共识状态与单一节点的行为无异），因为代码只有一种，必须统一。很多时候人们在谈论区块链的优点时，都会提到它拥有"一个中心化数据库"所不具备的种种便利。逻辑中心化使架构去中心化变得更加困难，但并非不可能，去中心化共识网络已经被证明其可行性。逻辑中心化使得控制权去中心化变得更加困难，在逻辑中心化的系统中，通过实行"相互宽容，互不干扰"原则来解决争端就更难了。

我们可以举例说明三种维度的中心化与去中心化。比如，传统公司同时满足以上三个维度的中心化定义，即控制权中心化（只有一个

CEO）、架构中心化（只有一个总部）、逻辑中心化（公司主体无法切分成若干个子公司）。

再比如，民法的制定依赖于中心化的立法机构，而普通法则基于判决先例，通过法官判决的经验不断积累形成。当然，由于法官自由裁量权的存在，在一定程度上也赋予了民法架构层面去中心化的特性。但是相比之下，普通法比民法去中心化程度更高，两者的相同点是都属于逻辑中心化。

再比如，语言是逻辑层面去中心化的一个实例。Alice 跟 Bob 讲的英文与 Charlie 跟 David 讲的英文，无须相互认同。语言的存在无需中心化的基础设施，英文语法规则并不是由任何一个单一个体创建或控制的。BitTorrent 和英语一样在逻辑上是去中心化的，内容传输网络是相似的，不过是由单个公司所控制的。

去中心化会带来四种好处：容错、防攻击、防垄断（有的时候）和提高效率。关于中心化和去中心化，到底哪种更好？中心化往往会提升效率，去中心化能保证真实，但效率没有中心化那么高。所以一个好的系统设计一定是在两者之间找到某种平衡，在可靠性跟效率之间做一个取舍。

第九节

从 EDG 到元宇宙，未来已来

让长处富有成效是组织的独特目的；组织的任务就是把各种人的长处变成构件，组合在一起去取得成绩。

——彼得·德鲁克

一　提到孩子爱玩游戏，不少人的第一反应是"玩物丧志"，但 2021 年 11 月 7 日的央视新闻报道可能会改变很多人的观点。2021 年 11 月 6 日晚 8 点，2021 英雄联盟游戏全球总决赛迎来了"终局之战"，中韩两支顶级战队 Edward Gaming（EDG）和 Damwon KIA Gaming（DK）展开厮杀。经过激战，EDG 以 3 比 2 的比分战胜 DK 取得胜利，捧起了冠军奖杯。网友们沸腾了，"EDG 夺冠"冲上微博热搜榜第一，当晚，全国有 4.8 亿人在线观看。截至 11 月 7 日，此话题已有了 9 亿的阅读量，讨论人次超过了 102 万。

作为在互联网、区块链等数字经济领域从业多年的创投人，我们看到越来越多的年轻人更加看重工作的趣味性和价值感，追求新鲜与乐趣。现在优秀的公司为了更好地激发员工的工作热情，适应当代的挑战，都在尝试游戏化的管理方式，把"乐"融入管理，给员工乐于工作的理由。因为游戏给人一种及时反馈，这是现实世界里所没有的成就感；通过游戏化的课件寓教于乐，让兴趣成为更好的老师，可以更好地提升儿童的注意力，从而使得儿童可以更好地学习。西班牙阿尔卡拉大学计算机系的研究显示，将积分、等级、勋章和即时反馈系统等游戏元素融入大学课程，学生的平均得分将有 18.5% 的增长。尤其是在物质极大丰富的元宇宙时代，2.6 亿 Z 世代（1995—2009 年间出生的人）的第一代移动互联网原住民长大了，他们从生活到学习，以及日常工作，已经从"触网"向网络生存转变。智能手机是他们信息交流的工具，更是生活、学习和工作的平台。同时，他们还经历了经济全球化的历史进程，国际视野更加开阔，思维也更加活跃。这一代人更爱玩，更爱表现自己，根据《Z 世代消费力白皮书》调查显示，"社交、人设、悦己"是 Z 世代青年的主要消费动机。中国社会科学院新闻与传播研究所等机构发布的《青少年蓝皮书：中国未成年人互联网运用报告（2019）》中提道："25% 的 00 后、10 后认为通过社交游戏可以促进沟通、认为通过社交游戏可以增进友谊。"

《人类简史》的作者尤瓦尔·诺亚·赫拉利说："几千年来，亿万人都在虚拟现实的游戏中寻找意义。只不过在过去，我们称之为'宗教'。从某个层面来看，宗教就是数千万人共同参与的一场大型虚拟现实游戏。""终其一生，穆斯林和基督徒都在他们最喜欢的虚拟现实游戏中不断试图积累分值。每天祷告能加分，忘了祈祷则扣分。最后分数够高就能升级（*即死后升入天堂*）。"无独有偶，历史学家罗伯特·贝拉教授曾经说道："人是唯一不能 100% 生活在现实中的物种，我们总是要通过各种方式去脱离现实、超越平庸。"游戏和做梦、旅游、宗教、艺术一样，都是人们超越现实的手段，也许这才是游戏对于人类的真正意义。反观生物进化的过程，游戏是动物界的奢侈品而非必需品，大多数的低等生物需要更多的时间和精力应付生存，只有鸟类和哺乳类动物可以暂时性地脱离生存压力，才能表现出娱乐行为乃至通过享受游戏时光学习技能或者实现沟通交流。从历史的角度看，人类文明起源于"玩兴的闪光"，人类在岩洞刻出符号，进而发展了文明，从某种意义来讲，文明的起源不是实用，而是对实用的超越，就像敦煌壁画、龙门石窟等。

游戏永远是人性的一部分，是人超越自然的本能，是生命力和创造力的源泉，萧伯纳说："我们不是因为变老了才停止游戏，而是因为停止游戏了才会变老。"纽约大学宗教历史系教授詹姆斯·卡斯把世界上所有的事物都归结为两种类型：有限游戏和无限游戏。有限游戏的目的在于赢得胜利，而无限游戏旨在让游戏永远进行下去；有限游戏在边界内玩，无限游戏玩的是边界；有限游戏是零和游戏，而无限游戏是非零和游戏。在经济学中，稀缺性是价值的基础，正是因为人们需求的无限性和资源的有限性，才会产生价值。但如果大家都在有限的市场内竞争，最终就会发生"内卷"。而科技的进步可以突破"内卷"，不断扩大无限游戏。举一个例子，过去路边的广告牌打了一个广告就不能打另一个，所以它是一个零和性的有限资源。科技的进步却可以带来新的可能：如果把传统的广告牌换成液晶显示屏，就可以同时打多个广告，让多个商家同时受益。经济发展的历史，其实就是广义上的"虚拟"价值空间不断扩大的过程。人类经济行为曾经大多来自农业生产，继而来自工业生产、金融服务、信息技术产业……"实体"所占的比例越来越低，而"虚拟"所占的比例越来越高。当原有的市场饱和后与经济活动发生"内卷"时，科技发展便会带来新的经济活动和价值。今天经济体量中大多数的经济行为，在100年前都不存在；今天人们从事最多的前10类工作中，大部分在100年前也不存在。科技的创新可以不断将零和游戏变为非零和游戏，将有限游戏变为无限游戏。当新的非零和游戏和无限游戏再次变为零和游戏和有限游戏时，便是下一次科技革命到来的时机。所以，互联网和元宇宙的真正意义在于其能够突破原有的"内卷"，带来新的非零和游戏和无限游戏，创造可以不断延展的价值空间和美好的机遇。

随着芯片、网络通信、虚拟现实、游戏引擎、人工智能、大数据等技术的发展和融合，使得元宇宙成为可能。虚拟世界与物理世界真假交互，真假沉浸，真假难分。除了游戏之外，元宇宙将进入社交、学习、工作、购物、运动等各种场景，一个无限接近真实的平行数字世界正在诞生。

如果快放人类的发展历史，可以看到这个趋势也是相当明显的。语言的诞生使得智人成为当时唯一可以进行大规模且灵活合作的物种，最终打败所有其他人种，成为现代人的祖先。语言的出现使得智人拥有了创造、相信、传播虚构事物和故事的能力，这些虚拟的事物赋予人类以存在的意义，而这些意义对于人类的生存至关重要。人就是不断追求意义的物种，哪怕是在远古时代。诗歌、小说、戏曲等文化载体的出现丰富了人类的虚拟世界，后来出现了广播、电视，再后来又出现了电脑、互联网、智能手机。随之而改变的是，人们关注物理世界的时间越来越少，关注虚拟世界的时间越来越多。

当代社会人类世界的虚拟化进程越来越快，拿社交这个场景来讲，人们越来越不认识住在对门的邻居，见面几乎从不交流，但是和世界另一头的网友、微信群群友相谈甚欢。物理世界有时成了虚拟世界的"障碍"，网友线下见面是件尴尬甚至"危险"的事情，对不少网友来讲，虚拟世界已经比物理世界更重要了。

终有一天，对大部分人来讲，虚拟世界与物理世界同样重要时，到那时人类就真正进入元宇宙时代了。就像电影《头号玩家》中的场景，在未来的某一天，人们可以随时随地切换身份，自由穿梭于物理世界和数字世界，在虚拟空间和时间节点所构成的"元宇宙"中学习、工作、交友、购物、旅游等。如今，元宇宙时代的先行者已大有人在了。在国外，2020年4月，美国歌手Travis Scott在Epic Game旗下的《堡垒之夜》中举办了一场线上虚拟演唱会，吸引了超过1200万名玩家参加；

在国内，2020年7月9日晚7点，B站一位名叫"菜菜子Nanako"的Vup（虚拟UP主）出道首播，开播25分钟便达成"百舰"成就，迅速登上B站直播人气榜第一。这位治愈系小萌神，有着萝莉外表和正太性格，而声音却格外引人注意，而让网友感到熟悉的原因正是，这位"菜菜子Nanako"背后之人（为虚拟形象配音的人）就是从1991年开始登陆春晚舞台的小品演员蔡明老师！1996年的春晚上，她和郭达表演的小品《机器人趣话》，现在她用自己的经典台词回答网友们的脑洞提问，搭配鬼畜BGM，画风跟95后UP主无异，可以说蔡明可能是从现实世界穿越到元宇宙的第一人。

不只是菜菜子，蔡明老师与《天谕》手游的合作更是打破了次元壁，《天谕》手游通过人工智能技术和渲染技术创建了一个自由轮盘选色功能，角色不仅可以整头换色，还可以选择挑染和渐变色，可以实现调整近400个部位的百变捏脸界面。玩家不仅可以选择形状，还可以根据角度、宽度、厚度等方面进行细微调节，可以完全自主设计心仪的五官。此外，角色不仅可以选择眼妆的颜色和款式，还可以选择美瞳的款式并自主配色，连瞳孔和角膜的比例都可以调配，基于AI的创作能力，让玩家成功地实现在元宇宙世界里的自主创作。

第二章

数字经济

每个人都是参与者

第一节
数字经济时代的组织变革

一个人不管如何努力只能触摸到时代的脚，而如果组织起数十人、数百人，甚至数千人一起奋斗，就有可能把握这个时代。

——博胜之道

从2009年第一个创世区块出现，到现在全球超过3000万用户自愿租赁场地、自愿缴纳电费，10000个节点服务器都是分布在全球的用户自愿购买部署，包括软硬件钱包、交易所、行情软件在内的所有网络应用都是网友自主开发、运营、维护。

1994年出生在俄罗斯的有"和世界格格不入的外星人"之称的技术天才维塔利克·布特林，他一个人在2013年创建的以太坊就证明了区块链开启的这种网络协作方式、组织方式已成为创新型组织的新常态。以区块链为代表的数字技术在重新打造一个透明、公平、效率的新世界。

数字经济时代从每一个应用到每一个社群组织，都必须通过每个人的贡献来维护正常的运营，大家遵守共同制定的规则。在一个个区块串联而成的链上，每笔交易都会被记录在每一个节点的账本里，当新增一笔交易，所有节点都能成为该笔交易的监督者，以密码学原理检视其正确性和真伪，所有人基于大家共同制定的行为、贡献会得到相应的回报，不用计较公平与否。

与农业时代和工业时代产生的股份制公司下的投资人、生产经营者与消费者的分离不同，从众创开始的创新创业时代到现在的数字经济时代，转型升级做得优秀的企业如海尔、华为、永辉超市等都是从原来的竞争逻辑转向了和员工、供应链上下游乃至同行共生的逻辑。我们在接受北京电视台采访的时候提道："以区块链为代表的数字技术基于全球共识，为创新组织搭建了共生基础设施。""在数字经济时代，我们既可以选择做蚂蚁，也可以选择成为大象；既可以选择成为参天大树，也可以选择成为盘根错节的榕树；但无论做何种选择，我们都是在让我们共生的这个生态更美好。"

现代在公司组织形态下，人力资源组织结构强调"属于我的人我才能用"，在数字经济组织中，不同的社会劳动力和资本在重新组合，就像滴滴平台上接单的司机根本不用成为滴滴的员工，外卖小哥也不用被固定工资和唯一平台所束缚，每个人跟组织的关系不再是雇佣这一种形态，每个人都是自己的 CEO，可以根据自己的意愿自由选择，在自己能量的发挥上才会超出预期。与传统的组织不同，数字经济时代的组织不会成为每个人的阻碍，可以让每个个体自由随意地健康发展，数字技术让组织目标更高效、快速地和与之能同频共振的个体相互激发，让产生共识的个体可以在组织的帮助下更好地帮助组织开疆拓土。就像传统行业组织变革的典型企业永辉超市那样，通过数字技术赋能合伙制的推进，员工、课长、经理、店长都成为自己卫星的 CEO，这些个体卫星 CEO 又围绕着组织 CEO 的目标进行协作，完成价值创造，然后通过区块链分布式账本和大家共同制定的分配规则自动进行价值分配；新型组织与传统管理之间的底层逻辑不同，从组织模式的变化上看，以前是金字塔式管理，现在是分布式管理，也就是企业追求的扁平化。在传统的管理理念中，管理、控制、监督是核心，是一种自上而下的体系，而新型组织的原动力来自一线员工的创新，需要自下而上的激活，过去企业发展是靠管理，未来是靠协同。

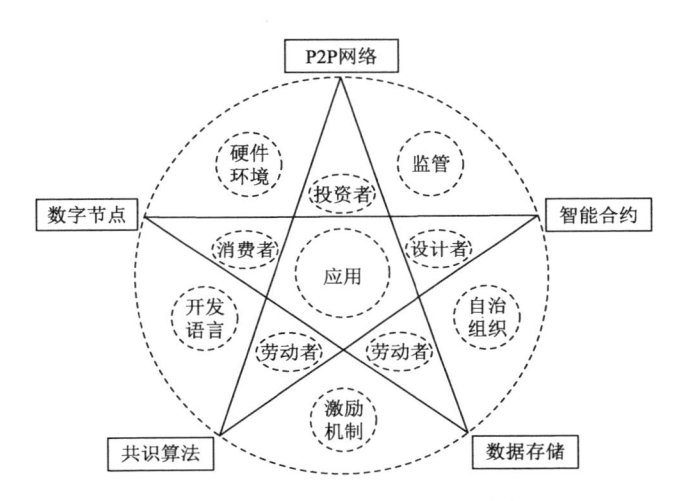

基于区块链的数字经济实现了产消合一

第二节
分布式协同办公成为新趋势

一个人的梦想只是梦想，一群人的梦想就能成真。

——约翰·列侬

2020年年初，新冠疫情突袭而至。从党中央到地方政府，再到社区、村镇，全民都加入了抗疫行列。眼看春节假期马上结束，但疫情还没有减轻的趋势。于是，以腾讯、阿里巴巴为代表的互联网企业开始为中小企业提供在线协作办公服务工具，让中小企业实现业务不断档。

阿里巴巴响应国家号召，为保障企业组织、教育医疗和政府机构"在线办公"需求，全员紧急开发钉钉，于2020年1月29日凌晨5点全量发布了"报平安"的员工健康产品，支持企业实时、智能化管理员工在疫情期间的健康状态。除了"报平安"，钉钉还向1000万家企业免费开放在家办公系统，主功能包括远程视频会议、方便教育机构和学校使用的群直播、保障企业组织疫情期间消息精准触达的DING功能、保障组织分散办公效率的日程共享、任务协同、在线文档协同、远程打卡功能，还有日志汇报、办公OA、审批、智能人事、钉盘、钉邮、公告、签到、项目群等网上办公基础功能，全量免费开放。

国民级应用"学习强国"也在2020年1月29日上线了"强国视频

会议"功能。腾讯会议于 2020 年 1 月 28 日宣布，向用户免费开放 300 人同时在线会议功能，直到疫情结束。字节跳动决定 2020 年 1 月 28 日至 5 月 1 日期间，飞书将向用户免费提供远程办公及视频会议服务，包括商业版完整办公套件、音视频会议不限时长、远程打卡及审批管理、无限量在线文档与表格创作、100GB 用户云存储空间。石墨文档团队表示，在疫情期间向政府部门、医疗机构、公益组织、社会团体、个人志愿者等群体免费开放高级版服务，上述团队、个人可免费使用付费版的所有功能。

除了上面这几款应用，还有腾讯企业微信、印象笔记、360 文档、WPS 文档、腾讯文档等产品都在这个时期集中推出。据《2019 年中国 SaaS 产业研究报告》，2015 至 2018 年国内协同办公市场规模分别为 90.1 亿元、208.6 亿元、441.8 亿元、459.5 亿元，呈现逐年扩大趋势，并预测 2020 年市场规模将突破 500 亿元。钉钉已有超过 600 万家企业组织应用，企业微信已服务超过 250 万家真实企业，活跃用户突破 6000 万人，并渗透了 50 多种行业。

这些现象的背后是数字经济时代协作方式的体现，在数字经济时代人们已经不需要向传统经济时代那样局限于物理空间范围，伴随着计算能力和计算设备的持续演进，大家可以随时随地参与协作，演变成为一个虚实交融的世界，体验"境随所欲"地工作，人们可以通过多种设备跨平台、跨操作系统互通互联，以及实现智能音频降噪和会议画面实时采集，通过智慧引擎在本地端侧进行图像分析和计算，任意组合和输出最理想的视频画面，提供演讲者、讨论、白板和产品展示等各种模式，为不同空间的参会人提供全沉浸式、跨时空的视频会议体验。

在数字经济时代的办公空间秉承"团队重要的是心在一起"，只要团队中的每位同事可以做到对自己负责，对自己的岗位、股份或期权负责就够了。每个人干的都是自己喜欢的事情，而不是仅仅为了工资，每个人把自己分内的事情做好，工作基本就可以完成 60% 了。

与传统经济办公场景单调与枯燥不同的是，数字经济时代工作与生活的边界变得越来越模糊。在联合办公空间可以看到入驻企业随时随地开会，拿着笔记本电脑办公更是随处可见。入驻企业的员工在吧台、电话间、沙发上写代码，用微信、语音视频与客户沟通商务等。数字经济时代的办公场景的设计理念是以最迅速、最便捷的方式进入工作状态，在联合办公空间让大家可以随时进入工作状态，所以网络点位多、桌椅舒服、网络带宽大、沟通顺畅，并且所有的入驻团队可以实现前台接待、后勤管理、投影仪、云端打印、空气净化系统的共享，更注重隐私的电话室和会议空间，更随机的时间（**每周 7 天，每天 24 小时**），以及稳定正规的写字楼空间及其所带来的商业附加值（**让合作伙伴觉得公司正规**）。

以互联网为代表的数字经济时代开启了陌生人的大规模协作，在《众创：群体崛起大时代》一书中就提道，淘宝不仅仅是电商，而是一个全球化协作系统。举个例子，去阿里巴巴参观交流的时候，我们听阿里巴巴的高层介绍了一款车，这辆车既不是大牌厂商的全球首发车，又不是国内品牌的概念车，它不属于任何汽车厂商。

打造这辆车的人是两位 80 后，他们是王宇和李林韬，这辆车的所有零部件都是在淘宝上买的：意大利的方向盘、音响，美国的发动机控制系统、组合仪表……这款跑车的性能不亚于最新发布的保时捷 911Speedster，最高时速可达 310 千米 / 小时。

互联网为人们提供协作平台，只要志同道合，互不相识的人也可以通过互联网平台协作起来，需要的资源也可以通过互联网平台获得，这就是互联网引起的众创力量。庞大的互联网协作体系，大部分是由用户参与制造的。谷歌广告策略规划团队的主管发现，网民拍了 3800 亿张照片，占据了自古以来拍摄照片总数的 10%。这就是协作的力量，互联网从诞生之日起，就超越了技术本身带来的社会价值。深悟互联网精神的创业者不仅可以通过网络来进行协作，还可以让所有有共同梦想且能达成共识的人进行协作。

"淘宝"车

我们在参与录制《解码区块链》的时候专门策划了关于互联网创业的系列栏目，通过与几位互联网创业"老兵"和亲历者的交流，我们发现现在互联网的应用在 2000 年的时候就已经有人在做了，但是为什么没有成功呢？主要原因是支付技术不成熟，没有高效的支付系统，做不到信任的达成，这也是 2004 年阿里巴巴做支付宝的核心原因。

支付宝通过提供第三方担保交易的方式解决交易中信任的问题，但毕竟是中心化的方式；中心化系统具备天然优势的同时，也存在天然的劣势——信息垄断和数据安全问题。虽然数据丢包现象极少发生，但是一旦发生就会让用户产生极大的信任危机。而区块链技术的逐渐成熟和数字货币的出现，使用户的数据安全和支付将会变得更可信。

"互联网+"是人们现在正经历的，是对未来互联网发展的展望，它将开启数字经济发展的新纪元。在"互联网+"的时代，不再只是单一的互联网，而是把其他的各行各业都拉进了互联互通、融合发展，这是一个多元化的互联网时代。跨界、融合、连接一切是互联网发展新纪元——"互联网+"的特性。互联网的特质是连接，"互联网+"的特质是智能连接；互联网通过计算机实现了人与人、人与信息的连接，"互联网+"通过融合云计算、大数据、物联网等，实现人与人、人与信息、人与物、人与场景、人与未来的连接。

自李克强总理在2015年十二届全国人大三次会议上的《政府工作报告》中首次提出"互联网+"行动计划以来，"互联网+"已受到社会各界广泛关注，正持续成为市场的风口、舆论的焦点。我们深刻地意识到，在互联网与传统行业的交融中，新时代的巨浪正滚滚而来，用新一代信息技术改造传统产业，一个更加激动人心的时代，到来了！

相信在未来的政府工作报告中，人们就会听到更多"区块链+"的相关信息了。在区块链时代，所有的商业模式都将被重构，在区块链时代原始创新得到了保护，产品、渠道、用户都变了。相信关注身边生活的人都能感受到从2010年开始，身边不管是生活用品还是办公用品，从汽车、电视、手机、电脑、空调、洗衣机到剃须刀、指甲刀等每个产品都在被替换，过去的那些品牌正在逐渐从生活中消失，新品牌每隔一两年就会出现。区块链的出现，将会加速整个进程，并且基于区块链技术的支撑和通证经济激励不再是传统意义上基于买卖双方的供需关系，而是基于区块链的共生关系。以产品的销售渠道为例，从最早的直销和分销到互联网出现后的B2C、C2C，到F2C，社群营销也在形成新的通路模式。伴随着2C通路的崛起，B端电商也在崛起，虽然它的主体是传统通路的电商化，但也创造了新的通路模式，例如京东新通路。渠道重构后，渠道模式多样化了，销量被分流了，传统渠道的销量萎缩了；这些现象背后的驱动力不是渐变，而是巨变甚至是质变。

区块链技术跨界重构供需关系，让用户和发明创造者有效地协作起来，同时基于区块链的分布式账本和智能合约，让原来智能化、小型化的设备和节点，比如可穿戴设备，产生了新的商业模式。

2019年10月28日至31日，党的十九届四中全会审议通过的《中共中央关于坚持和完善中国特色社会主义制度、推进国家治理体系和治理能力现代化若干重大问题的决定》中提道，"坚持多劳多得，着重保护劳动所得，增加劳动者特别是一线劳动者劳动报酬，提高劳动报酬在初次分配中的比重。健全劳动、资本、土地、知识、技术、管理、数据等生产要素由市场评价贡献、按贡献决定报酬的机制。"报告中首次提出将数据作为生产要素参与分配环节。数据之所以可以作为生产要素参与分配，在很大程度上是因为有了基于分布式账本的区块链技术可以为数据确权、定价、交易、份额化、实时化提供技术支撑，这将大大加速发挥我国纵深的产业带、多元化的应用场景和庞大的人口红利所创造出来的数据的价值，尤其是伴随着5G的广泛应用，工业互联网、产业互联网和天网的商业模式都将会焕发第二次生机。

第三节
数字经济时代人们的生活

主动，就是过日子；被动，就被日子过。

——博胜之道

从农业时代到工业时代，在传统经济时代人们所有的商业来往和经济运行都看得见、摸得着，不管是农业时代的种植和养殖，还是工业时代的生产制造领域，所有的商业行为都是可以被感知的。但在数字经济时代，创新速度在加快，以超摩尔定律的速度发展。如果上面的文字还不能让你形成具象感知，相信读完下面这段文字，会帮助你对数字经济与传统经济的对比有更感性的认识。

2011年我们受邀在北京东三环温暖的贝塔创业咖啡馆向30多位创业者做《微营销》专题分享后，已经是晚上10:30左右，门外的雪已经积了厚厚的一层，我们简简单单地回答了两个提问，快速合影结束后，就匆匆忙忙收拾好东西跑到路口打车。在雪花飘落的寒风中，一辆辆出租车飞驰而过，我们前前后后拦了10多辆车，不是有乘客，就是准备去交车，或者不顺路，我们在路边等了将近半小时还加了费用才打到车。那种迫切地想回家喝口热水的心情，那种有钱却没有服务的苦恼，都在无声地告诉我们一个残酷的事实，打个车好难呀！

2019年4月19日，我们开完周五的例会，拿起手机，打开叫车软件，5分钟不到的时间，车子已经到楼下了。当年那漫天飞雪、寒风凛冽的夜晚已经成为过去时，这个变化也在无声地告诉我们一个美好的事实，打车 so easy！

2011年6月12日，一个春末夏初的周末，阳光照在薄薄的被子上面，好舒服！一觉醒来，睁开眼后，静静地躺在柔软的床上，听着窗外这个城市的呼吸声，感受着阳光洒在身上的温暖，整个身心都在这一刻放空了；真想就这样，在这惬意的画面里愉快地度过这个周末。可不一会儿的时间，肚子就开始"咕噜"地叫起来了，但是，床上真的好舒服，做饭真的好烦啊，吃个饭好难呀！

2019年全年，本书作者之一在饿了么和美团点外卖的总费用是11296元。整个2019年的周末基本上都是美美地睡到自然醒，躺在床上，晒着太阳，再来一首醒神音乐，任性地来一个"葛优躺"；拿起随时都会放在身边的手机，打开外卖软件，选出自己想吃的东西，就静等"骑士"把美食送到手中。

10年前，世界上最远的距离是我在天涯，你在海角。人们熟悉的就是那些出现在身边的人，基本脱离不了自己的生活范围。想要在以亿为单位的人群中找到志同道合、共创大业的人，虽然不能说一定办不到，但可以肯定的是，找个人好难呀！

今天，世界上最远的距离，不再是天涯海角，而是你拿着手机却没有网络。人们的交际圈也不再仅限于身边的人。各种社交软件的出现，让人们可以认识到各个地方的人，各种投资、众筹、人脉的软件让曾经在各个角落拥有同样抱负的人看到了彼此的兴趣，于是志同道合的人走到了一起，成为伙伴。为了同样的目标，在短时间内我们可以达成协作，一起组织论坛，共同承办"中国数字经济大会"，原来找到志同道合的朋友没那么难了。

在传统经济时代人们通过报纸、杂志、书籍获取信息，每一种纸介媒体都需要印刷，印刷 10000 份和印刷 100000 份的费用差别很大。但在数字经济时代，10 万人和 10 亿人看同样的信息成本所差无几。

在传统经济时代，人们去商场购物，店家除了根据店铺位置缴纳不同的费用之外，如果客户增加还需要增加更多的店员，如果店员素质参差不齐还会导致服务质量和口碑下降。但在数字经济时代，电商网站几乎不需要因为客户的增加而雇佣更多的客服，因为服务质量透明，价格公开。

这一个又一个的场景，与其说是移动互联网时代与传统商业时代的对比，不如说是数字经济时代与传统经济时代的对比。就像在《众创：群体崛起大时代》一书中写到的现代城市生活场景：早晨起来骑上共享单车到地铁站坐地铁，或者用"滴滴"拼个车到公司，在公司楼下餐厅吃个早餐，中午用"美团"或者"饿了么"叫个外卖，下午用"猫眼电影"买个电影票，晚上去电影院看个电影，或者下午在网上找个健身教练，下了班去锻炼一下，回到家里用"58 同城"或者"阿姨帮"叫个保洁打扫一下卫生，周末积攒下来的衣服在"e 袋洗"上叫个师傅上门把衣服取走，还可以在"河狸家"上叫一个美甲师上门服务，冬天到了还可以去滑一次雪，如果不会还可以找个教练。

第四节
关于区块链与数字经济的代表、委员提案

决定你的并不是你所处的环境，而是你对自身处境的解读！

——博胜之道

2019年10月24日下午，十九届中央政治局就区块链技术发展现状和趋势进行第十八次集体学习。中共中央总书记习近平在主持学习时强调，区块链技术的集成应用在新的技术革新和产业变革中起着重要作用。2020年，区块链被纳入"新基建"范畴，重要性突显。2020年5月21至22日召开的全国两会上，全国人大代表、政协委员们就区块链的发展总共提出了60余项建议及提案，提案重点关注了区块链应用，所提及应用场景包含了医疗卫生、智慧城市、物流、供应链金融、征信系统、知识产权、食品安全、电子商务、娱乐、分布式能源等，其中涉及金融与保险11项、智慧城市与社区管理8项、新基建与技术6项、数据化与数字要素5项、物流供应链5项、公共事务与司法监管5项、医疗4项、工业互联网3项、产品溯源3项、其他6项。这其中涉及区块链应用的提案有42项，涉及行业监管的有17项，涉及数字货币的有3项。区块链这个一开始就在金融行业使用的技术，发展过程离不开有效的监管。讨论区块链自然离不开数字货币，尤其是在中国肩负着人民币国际化重任的DCEP（中国版数字货币项目，即数字货币和电子支付工具），

代表和委员就数字货币进行的提案虽然不多，但很有分量和建设性意见。

本书作者之一作为一名人大代表，在2019年7月与为中央政治局第十八次集体学习区块链的授课院士陈纯共同作序出版了关于区块链著作之后，在2020年1月份的两会上就区块链的发展进行了提案。

> **关于发展区块链的建议**
>
> 内容：数字经济是经济发展的重要方向，区块链作为分布式账本在数字经济发展中发挥着重要的支撑和引领作用，特别是对我们后续发展县域经济，更需要在区块链方向上提前进入，及早应用，争取早日占据区块链行业发展的制高点；发展区块链产业，没有大小城市之分，没有发达地区与落后地区之分，大家都是区块链上的一个节点，谁起得早，跑得快，谁就能取得发展的主动权。雄安和海南已经迈出了第一步，如果我们不抢赶一步，就会失去占据制高点的先机。建议：1. 政府进一步高度重视，明确专门分管；2. 出台政策支持；3. 列出专项资金。
>
> （请在附页续写）

区块链发展提案

2020年5月14日，我们受邀参加了天津市区块链产业建设三年行动方案草案的讨论。在讨论会上，我们就草案内容、天津市现有产业特点、京津冀协同发展战略结合实践经验提出了如下建议。

紧抓京津冀协同战略，尤其高度融合雄安新区的区块链等数字经济产业，积极参与、融入雄安新区的区块链与数字经济发展规划，积极与北京市和河北省，尤其是雄安的区块链与数字经济战略进行协同。

重视基于场景的应用开发。在关注区块链底层链的同时，更要重视基于场景的应用开发，尤其是在中国具备多元化场景的国家的背景下，天津一定要抓住自己的优势场景选择技术开发，例如跨境贸易、海运结算等。

强化人才培养工作。依托天津众多高校优势，抢抓区块链等数字经济人才梯队培养工作，为行业发展提供优势人才资源，底层技术的创新需要"天才"来推动，一流人才就可以完成基于场景的应用开发。

结合自身港口优势，重点突出港口贸易区块链技术与应用方向。

结合天津城市特点，积极参与央行数字货币，尤其是 DCEP 的试点与推广工作，做好通过 DCEP 实现人民币国际化在港口贸易结算领域应用的准备工作。

结合"海河计划"，在天津某个区域设立区块链与数字经济产业园，引进区块链行业头部企业和创业企业，就区块链与数字经济发展开展试点工作，在园区内开展监管计划。

成立区块链与数字经济专班领导小组，加强对区块链与数字经济产业的重视程度，不定期就专项发展研究制定有针对性的政策。

积极开展区块链及数字经济专题培训，开展多层次、多批次的培训，尤其是对管理人员的思维与认知的提升。

培育与引进相结合，在重视引进外部领先的区块链与数字经济企业的同时更要突出本地企业的扶持，让大家同台竞技。

2019 年 6 月我们参与北京市科委关于区块链发展的调研，2020 年 12 月受邀参加了北京市区块链技术应用及政策建议研究，我们就北京的产业现状、京津冀协同发展战略，结合自身的实践经验提出了如下建议。

北京市在区块链领域拥有包括清华大学、北京大学在内的全国最多的知名高校，人才优势明显；常住人口有近 3000 万人，拥有央企集中的金融街，外企集中的国贸，创新创业等中小企业集中的中关村，聚集了阿里巴巴、美团等大型科技企业的望京，还有胡同中的老北京和五环外的打工人群，再加上京津冀协同战略，为区块链等数字经济发展提供了丰富应用场景；更重要的是北京部委云集，具备政策优势，再加上自贸区和雄安新区的区块链试验区，所以一定要抓住区块链这个数字经济的核心基础设施。

区块链技术及其独特的通证经济模型从更高的维度上对金融进行了颠覆，尤其是在我们需要大量金融教育普及工作的时候，对区块链及相关技术要有一定的监管，但不要过度监管，让行业更好地发展。

关于数字货币，尤其是央行的数字货币，北京具备天然的优势，一定要尽早地申请试验区，以此展开更多的使用场景探索。

关于底层链的发展，我们在大力发展联盟链的同时，要适当地关注公有链的发展，在技术领域我们要保持与国际同步。

关于数字经济，作为科技创新核心定位的北京一定要在政策上进行相关突破，例如制定相关税制改革——变增值税、所得税为数字税；对重大项目的支持、人才培养的支持、中小企业的扶持等分别推出适合的政策。

基于京津冀协同的重大国家战略，可以提升三省市的相关产业联盟（例如中关村区块链产业联盟、河北省区块链联盟等），成立京津冀区块链或数字经济等相关的联盟或协会来促进三省市的产业发展协同、数据协同。京津冀已经实现了健康码的统一，一旦建立相应的组织和协调工作机制，就可以保证更多的业务、数据协同，真正地实现"数据多跑路，百姓少跑腿"，减轻三省市基层组织的工作压力，提升居民的幸福感。

关于北京市元宇宙产业现状与发展趋势，我们受北京市科协的委托，进行了专题调研并提出了如下建议：综合政策导向、产业布局、学术研究及元宇宙发展现状，建议北京市可考虑以中关村企业重点突破关键技术为抓手，拓展以城市副中心为主体的应用示范，并考虑在产业及科研上给予政策及资金支持，布局集"基础理论研究＋关键技术突破＋应用示范"为一体的元宇宙产业链。

1. 元宇宙是人类社会数字化转型的新路径和多技术的集大成者

元宇宙是数字社会发展的必然。经历智能终端的普及、电商／短视频／游戏等应用的兴起、5G网络及半导体基础设施的完善、共享经济的萌芽，在全球新冠疫情以及数字化浪潮的推动下，元宇宙正加速到来。疫情期间，企业组织形式及个人职业选择的改变、线上化习惯养成、Z世代对虚拟世界的沉浸都使得人们生活方式的改变成为大势所趋。元宇宙是一个承载虚拟活动的平台，为用户提供沉浸式虚拟空间，用户可以创造自己的虚拟形象，进行社交、娱乐、创作、展示、教育、交易等社会性、精神性活动，亦可为人类社会实现最终数字化转型提供新路径。

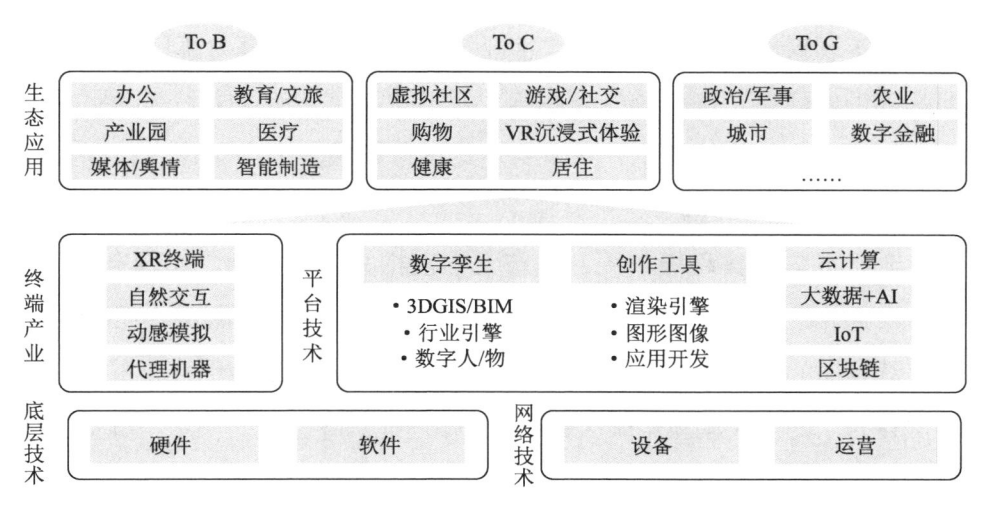

	To B		To C		To G	
生态应用	办公	教育/文旅	虚拟社区	游戏/社交	政治/军事	农业
	产业园	医疗	购物	VR沉浸式体验	城市	数字金融
	媒体/舆情	智能制造	健康	居住	……	

	终端产业	平台技术		网络技术	
	XR终端	数字孪生	创作工具	云计算	
	自然交互	·3DGIS/BIM	·渲染引擎	大数据+AI	
	动感模拟	·行业引擎	·图形图像	IoT	
	代理机器	·数字人/物	·应用开发	区块链	

| 底层技术 | 硬件 | 软件 | | 设备 | 运营 |

元宇宙产业链

元宇宙是连点成线的技术创新总和，需要 5G、人工智能、云计算、大数据、物联网、工业互联网、VR、AR、区块链等多种新兴技术的组合，技术组合会带来超预期的美第奇效应，共同承载元宇宙数字新经济、新生活、新资产、新身份和新文化。其中，算力是承载元宇宙的基础设施，交互技术是物理世界与数字世界的"传送门"，人工智能技术是元宇宙自主生成与进化的有效支撑，物联网技术将打破交互的时空界限，区块链用于构建元宇宙运行逻辑与价值生态。

2. 国家政策导向积极，北京市超前布局

2021 年 12 月，国务院印发的《"十四五"数字经济发展规划》中提出，要创新发展"云生活"服务，深化人工智能、虚拟现实、8K 高清视频等技术的融合，拓展社交、购物、娱乐、展览等领域的应用，促进生活消费品质升级。

首先，从政策上，北京市领导高度重视，多次强调积极发展元宇宙及相关技术：坚持数字赋能，积极发展人工智能、云转播、自动驾驶、元宇宙等场景应用；加快释放数字经济新活力，加强算力算法平台等新型基础设施建设。推动形成区块链、人工智能、扩展现实和高清显示等产业集群。市经信局表示，北京将启动城市超级算力中心建设，探索建设元宇宙产业聚集区。

北京市各区县积极布局，发布元宇宙相关政策文件。2022 年 2 月，北京市通州区侧重示范应用，印发《关于加快北京城市副中心元宇宙创新引领发展的若干措施》，提出将大力推进示范应用，优化产业布局，打造"1+N"的产业创新集聚区；依托通州产业引导基金，采用"母基金+直投"的方式联合其他社会资本，打造覆盖元宇宙产业的投资基金。北京市石景山区设立产业基金，侧重产业孵化与布局，印发 2022 年折子

工程，明确提出要发挥产业基金作用，搭建中关村科幻产业创新中心孵化平台，打造科幻产业集聚区，加快元宇宙产业布局。北京市丰台区侧重文化科技领域的创新突破，发布的《南中轴国际文化科技园功能规划方案》，揭牌"南中轴元宇宙产业基地"，积极建设国际一流"科技 + 文化"的新地标和数字经济新高地。

其次，来自产业界的动态，据彭博资讯分析，到 2024 年元宇宙的市场规模将达到 8000 亿美元；普华永道预计，元宇宙在 2030 年市场规模将达到 15000 亿美元。行业企业正从基础设施、硬件入口、虚拟世界内容生成及垂直行业应用创新等角度切入元宇宙赛道，但目前注册企业存在"互联网大厂 + 初创企业"的两极分化式格局。根据启信宝统计的"元宇宙"相关企业注册分布数据，拥有两位数以上元宇宙企业的城市有 10 座，其中深圳 76 家排名第一，北京 51 家排名第二，北京共有 18 家企业入选《2021 元宇宙潜力企业 TOP50》，大致可以归为如下六类。

（1）XR 终端类：字节跳动收购 VR 企业 Pico，上线社交产品 Pixsoul、派对岛；歌尔股份成为目前为数不多的能够提供从产品设计、研发到制作组装的一站式垂直服务供应商，是 VR 爆品 Oculus Quest 2 的独家供应商；北京爱奇艺科技有限公司推出奇遇 Dream VR 一体机；京东方科技集团提供应用于 AR/VR 等可穿戴设备的硬件产品。

（2）算网基础设施类：中国移动、中国电信、中国联通三大运营商布局元宇宙算力与 5G 网络基础设施，为元宇宙设备所需的高带宽、低时延、海量连接奠定了坚实基础，并积极尝试了谷爱凌"数智孪生姐妹"Meet GU、"天翼云图"XR + 新零售综合体、超写实数字人"安未希"等新应用。

（3）平台服务类：百度推出跨越虚拟与现实、永久续存的多人互动空间——希壤，成为元宇宙基础平台；小米科技基于"米立方"计划助力云游戏生态建设；昆仑万维科技构建了基于UGC的游戏社区平台CXC；金山软件提供基于金山云的VR视频服务；北京微美云息软件专注于计算机视觉全息云服务。

（4）数字人应用类：北京全时天地在线推出虚拟人"元启"作为虚拟数字内容业务的"传递官"；洛可可创新设计集团推出黑马元宇宙数字人加速器，推动数字人产业商业化及生态建设；北京次世文化传媒持续构建多样性的虚拟人IP矩阵。

（5）数字藏品类：新华新媒文化推出基于区块链的新闻数字限量藏品；北京数码视讯科技打造数字藏品平台"洞壹元典"；北京红洞科技推出了区块链数字藏品电商平台，提供IP内容数字资产的发行和售卖等配套服务。

（6）生态应用类：北京市商汤科技聚焦打造AR购物体验，激发AR营销新价值；蓝色光标布局虚拟人IP和技术、XR技术以及虚拟空间等业务，探索虚拟数字人、虚拟空间以及虚拟直播在营销场景下的应用；中文在线申请多个元宇宙商标并发起"中文元宇宙全球征文大赛"。

最后，在学术界，多家高校已开展元宇宙相关学术研究。北京大学对外发布《元宇宙2022——蓄积的力量》研究报告，指出元宇宙将带来一场"新基建"；清华大学发布《元宇宙发展研究报告2.0版》，从元宇宙起源、概念与属性、技术与产业链、场景应用、风险点及治理、热点问题、未来展望七个方面，梳理了元宇宙的发展历程；腾讯与复旦大学联合发布《元宇宙报告（2021—2022）》等。

3. 北京市元宇宙发展建议

目前，北京市已经具备推动元宇宙落地的技术储备，应积极响应

"重技术侧发展"，抓住元宇宙新科技和新产业更新迭代的先机，依托元宇宙打造首都经济增长新引擎，助力北京市"数字经济标杆城市"的建设。

（1）核心技术层面：发挥北京知识技术密集型优势，组织科研院所和产业公司成立"元宇宙技术创新联盟"，重点攻坚元宇宙底层卡脖子技术，包括虚幻引擎、3D建模、感知交互算法、终端显示技术等领域，实现元宇宙核心技术的自主掌控，建设元宇宙超级算力中心，促进元宇宙相关的人工智能、虚拟现实、区块链、大数据等新兴信息技术的深度融合。

（2）应用示范层面：结合不同区位的特色优势，着重打造一批具有示范意义的元宇宙标杆应用，建设一批具有北京特色的高质量虚拟内容。通州区充分发挥副中心的文化与旅游资源优势，着重打造环球影城度假区、京杭大运河、宋庄艺术区、张家湾古镇等基于元宇宙的新文旅应用；依托石景山虚拟现实产业园和首钢打造"元宇宙 + 工业互联网"示范基地；在海淀区重点高校打造"元宇宙 + 教育"的沉浸式教育体验实验室；基于故宫、颐和园、长城等著名景点打造基于"元宇宙 + 文娱"的虚拟旅游地标应用。

（3）资本赋能层面：依托政府产业引导资金，联合社会资本，打造覆盖元宇宙上下游的产业／科研基金，培育元宇宙核心技术研究和重点应用突破的创新创业活力，支撑元宇宙产业生态建设。

（4）政策支持层面：开放应用场景，开展沙盒监管；对元宇宙开放应用场景，例如石景山的首钢园、通州的环球影城等，并且对元宇宙中的资产数字化，在政府可监管范畴内创新试点，面向元宇宙的资产数字化、NFT和数据交易所展开试点，实行包容审慎监管，全面推进无证明城市建设，对涉企审批事项采取告知承诺制。通过建立健全重大决策合法性审查、集体讨论、专家论证、公众参与、第三方评估等风险管理机制，探索建立"沙盒监管""触发式监管"等新监管模式。

（5）人才培养层面：充分发挥北京辖区高校聚集优势，加速培养涉及终端交互、网络算力、人工智能、区块链、游戏应用等领域的复合型高端人才和领域专才，通过政府定向课题或企业联合创新实验室，提供人才成长的项目环境。

第五节
从互联网思维到
区块链生态

竭尽全力，就算得不到结果，但也一定会收获一个不一样的自己。

——博胜之道

网约车、外卖、在线办公等互联网应用已经渗入人们生活和工作的方方面面，支撑这些应用的就是互联网思维。2013年10月份，我们受邀参与《互联网思维独孤九剑》一书的编写工作，我们负责的是大数据思维这一章的编写和对李明顺等人的访谈工作。我们也受邀到海尔、TCL等企业进行专题培训和交流。同时我们团队也在用互联网思维开发、推广、运营《中国好声音》官方报名App等工作，在开发运营产品的时候我们就在讨论如何让这些数据更好地变现，如何为这些用户更好的赋能，如何让歌手们上传的数字音乐更好地变成资产，乃至二次创作。

幸运的是，我们在2013年清华大学五道口金融学院举办的论坛上了解到区块链技术，在研讨的过程中，心中的问题逐渐清晰了，虽然当时的技术能力还不能满足规模化、高并发的需求，但已经可以看到明确的方向。从第一台通用计算机于1946年在美国宾夕法尼亚大学诞生以来，信息技术的不断进步让人类的生产力得到了惊人的增长；就像马克思在其政治经济学理论中指出的那样：生产力决定生产关系，生产关系要适应生产力的发展，同时，生产关系会反作用于生产力。进入21世纪，随着新一代信息技术的风起云涌，云计算成为新的生产力，大数据成为新的生产资料，人工智能成为新的生产工具，区块链则重塑着新的生产关系，共同推动数字经济不断向前发展。从2007年至今，我们开展了很多创新创业探索，深深感觉到以互联网和区块链为代表的新一代新兴信息技术及其背后的思维之于商业变革的重要性。并不是因为有了互联网和区块链技术，才有了互联网和区块链思维，而是因为有了互联网和区块链背后的理论创新才出现了新闻、打车、外卖、办公、一网通办等互联网、区块链应用。

互联网背后的理论支撑是克劳德·艾尔伍德·香农于1948年10月发表于《贝尔系统技术学报》上的论文 *A Mathematical Theory of Communication*（通信的数学理论），克劳德·艾尔伍德·香农在文章中指出："信息是事物运动状态或存在方式不确定性的描述，可通过概率论和随机过程测度不确定性的大小。"互联网思维是互联网技术及其背后的理论创新不断发展的背景下，对市场、用户、产品、企业价值链乃至整个商业生态进行重新审视的思考方式。互联网技术打破了世界原有的交流屏障，将商业社会中的人与人、人与机都用网络连接起来，在网络中完成协同、分工与合作，信息双向流动，大大降低了交互的成本，提高了生产的效率。互联网的发展促使整个商业社会的模式趋于扁平状、分布式、开放化，打车、外卖、办公等应用实践的成功印证了互联网思维的成功。

如果说香农信息论以数学的方法定义了信息，那么区块链则是以数学的方法定义了信用："贪婪的攻击者发现作恶还不如按照规则行事。"区块链与互联网的关系，就是价值传递与信息传递的关系，两者相伴而生、深刻联系。现在，人们已经拥有了一个开放平等、协作分享的互联网作为信息传递的基础设施，那么也必然需要一个与之匹配的价值传输体系，于是区块链应运而生。区块链技术被认为是新一代最具颠覆性的技术，囊括了加密算法、共识机制、点对点传输和账户与存储模型等技术，它早已不再仅仅局限于加密数字货币的范畴。区块链技术采用去中心化、多中心化、安全可信的方式解决了"中心化"固有的成本过高、效率低下、信任度低的问题。

作为共享经济下的低成本信任机器，区块链打破了资本垄断时代的商业模式，从底层规避了商业领域的马太效应，助力商业社会向着一个权力分散且完全自治系统（DAO）的方向演进。在这种模式中，各方有着坚实的信任基础，民主自治、互信互利，价值在共识基础上被量化、确权、定价并有序流转，大大颠覆了过去的生产关系，买卖关系变为协作关系，区块链技术支撑下的分布式商业将融合MABCD5G，催生了包括数字孪生和元宇宙在内的大量创新应用。

不管是区块链思维还是互联网思维，本质上都是用技术的方法重新审视并解决经济、社会领域的问题，让生产关系更好地适应生产力发展。从技术演进的角度来看，区块链技术脱胎于互联网技术，就像区块链技术也离不开诞生于1974年的TCP/IP协议，这个协议实现了在不同计算机甚至不同类型的网络间传送信息。所有连接在网络上的计算机，只要遵照这个协议，都能够进行通信和交互，这个协议的出现不仅让互联网发展迈出了最为关键的一步，也在影响着区块链行业的通讯；区块链技术中的节点技术与现在每家每户上网都在用的路由器有着相同的逻辑，每台路由器都保存着完整的互联网设备地址表，一旦发生变化，就会同步到其他成千上万台路由器，确保信息都能以最短最快的路径进行传播，并且即使有节点设备损坏或者被黑客攻击，也不会影响整个互联网信息的传送。

区块链技术的核心技术 P2P 是互联网技术的重要发明，它的特征是彼此连接的多台计算机之间都处于对等的地位，无主从之分，在这个分布式对等网络模型中，每一个联网计算机在功能上都是对等的，既是客户机同时又是服务器；支撑区块链上通证的核心算法——安全哈希算法在互联网发展过程中扮演着重要的角色，从互联网应用商店、邮件、杀毒软件到浏览器等都离不开安全哈希算法，它能判断互联网用户是否下载了想要的东西，也能判断互联网用户是否是中间人攻击或网络钓鱼攻击的受害者。区块链就是用安全哈希算法的函数进行运算，获得符合格式要求的数字，区块链程序将给予基于区块链上的通证奖励，正是因为安全哈希算法的保证，让区块链通证领域产生了激烈的竞争，世界各地的人们动用了强大的服务器进行计算，以获得奖励，乃至在最高峰的时候会因为生产算力消耗了某个国家超过 20% 的电量。

区块链技术与互联网技术是一脉相承的，区块链是人们把互联网技术中的对等网络架构、路由器的全网同步、网络安全的加密算法等技术巧妙地组合在一起而产生的技术创新。可以说区块链是青出于蓝而胜于蓝，互联网仅仅实现了信息平等，而区块链却能实现贡献平等。互联网通过技术手段消除了信息的不对称，包括空间上的、时间上的以及人与人之间的信息不对称等，使得资讯获取、沟通协作和电子商务的效率极速提升，从传统媒体到零售行业再到金融产业，逐渐打破建立在信息不对称基础上的效率洼地，甚至把人们带入了一个"信息过剩"的时代。互联网上不管什么身份、什么职务、财富有多少，大家看到的信息都是相同的；每个人都可以通过互联网第一时间获知今日世界上发生的新闻，预订旅行度假的航班、专车、民宿，学到顶级学府的公开课和专业知识。互联网公司在免费提供上述资讯、社交工具和商业服务的同时，获得了大量的流量，流量中最有价值的是用户数据，在此基础上进行大数据挖掘分析，进而通过精准营销和广告获得丰厚的收入。由于互联网典型的盈利模式，让互联网在提供信息平等的同时，也带来了新的不平等。用户花费了精力和心血创作的内容、拍摄的照片、产生的数据，除了在互联网平台上得到别人的点赞而获得心理满足感外，很少获得与之匹配的回报与激励，而垄断了信息和数据的互联网平台则通过流量和广告从中获得了超额的经济回报。微信的用户不断创造着浏览量 10w+ 的原创文章、短视频，但并没有分享到腾讯公司成长带来的收益；滴滴打车的前 1000 名用户，是这个出行共享经济生态最值得珍惜的贡献者，但并没有获得滴滴公司一轮又一轮高估值的红利。

而在区块链应用中，参与者不分国籍、年龄、身份，只要一个人或一个终端的算力、时间等贡献满足了该区块链智能合约的触发条件，就会得到相应的通证激励。通过社群生态和通证经济模型，区块链生态的早期参与者根据共识机制，在区块链世界里积极创造，相应的收益以通证的形式奖励给用户，鼓励他们更积极地为生态的发展创造贡献，所以很多早期参与以太坊的用户都实现了财务自由；基于区块链的社交媒体平台 Steemit 上，用户可以通过发布优质原创文章而获得回报，创作更多更好的内容；通过基于区块链的浏览器 Brave 连接广告商、内容商和用户，用户在浏览资讯时也可以获得奖励；基于区块链技术的新一代内容分享社区"像素蜜蜂"，通过提供数字资产的版权存证，把图片和短视频的价值归还给用户。区块链经济模型强调的是一种共同创造、共同获益的共享经济模型，在强调个人价值、自我实现的今天，一个个超级个体不仅仅参与人与人之间的协作，更是开展了人与机器之间的智慧协作，从而实现社群经济完全自治自理。社群成员也不再有等级之分，每个成员都可以找到适合自己的社群，所有对社群有益的行为都能令社群成员获得通证激励，使社群成员成为社群经济的"股东"。借助社群这一共享经济组织，区块链上产生了一个个互惠共赢的区块链生态。

第三章

数字经济
属于中国的经济时代

第一节
数字经济影响世界经济格局

要想进化，就要突破极限，只要你足够努力，即使遇到更大的困难，也能承受痛苦，获得成长。

——博胜之道

在2018年6月中央外事工作会议上，中国国家主席习近平发表讲话时指出，当前中国处于近代以来最好的发展时期，世界处于百年未有之大变局，两者同步交织、相互激荡。他强调，做好当前和今后一个时期对外工作具备很多国际有利条件。

一大批新兴经济体和发展中国家群体性崛起，世界经济中心向亚太转移，数字经济已成为未来全球发展的新主线。中国国家主席习近平在《G20数字经济发展与合作倡议》中指出，数字经济是指以使用数字化的知识和信息作为关键生产要素、以现代信息网络作为重要载体、以信息通信技术的有效使用作为效率提升和经济结构优化的重要推动力的一系列经济活动。近年来，国家对科技创新进行了一系列全面而系统的部署：把发展的基点放在创新上，完成新旧动能转化；瞄准世界科技前沿，强化基础研究，实现前瞻性基础研究、引领性原创成果重大突破；面向世界科技前沿、经济主战场、国家重大需求，加快各领域科技创新，掌握全球科技竞争先机；推动科技创新，主动引领经济社会发展，构筑核心能力，实现高质量发展。当前，新兴信息技术融合推动着数字经济的发展：云计算（C）作为生产力，极大降低了数字经济时代的创新成本；大数据（D）作为生产资料，在此基础上提供海量异构数据的分析筛选；人工智能（A）作为生产工具，让数据处理和业务实现自动化、智能化、最优化；区块链（B）作为生产关系，有利于促进价值传递的大规模协作；物联网（I）作为多触点，提供物理世界的数字化连接与感知；第五代移动通信（5G）则可以提供高速率、低延时和海量接入数据的传输。

2017年12月8日，习近平总书记在主持十九届中共中央政治局第二次集体学习《实施国家大数据战略加快建设数字中国》时指出，"要构建以数据为关键要素的数字经济。建设现代化经济体系离不开大数据发展和应用。我们要坚持以供给侧结构性改革为主线，加快发展数字经济，推动实体经济和数字经济融合发展，推动互联网、大数据、人工智能同实体经济深度融合，继续做好信息化和工业化深度融合这篇大文章，推动制造业加速向数字化、网络化、智能化发展。要深入实施工业互联网创新发展战略，系统推进工业互联网基础设施和数据资源管理体系建设，发挥数据的基础资源作用和创新引擎作用，加快形成以创新为主要引领和支撑的数字经济"。数字经济相关领域技术在未来工作和生活中发挥着越来越重要的作用；这些技术及其背后的逻辑与具备多元场景的中国相结合会创造出更多的经济形态，将引领世界发展，通过数字技术与应用场景的融合创新，中国经济将实现换道超车。

2000年，时任福建省省长的习近平在看到刚从国外归来不久的欧亚科学院院士、时任福州大学副校长王钦敏的一封主题为《关于构建数字福建》的建议信后，敏锐地察觉到数字建设在城市发展中的重要位置，率先提出建设"数字福建"的战略构想。当时，不仅在中国，即使在发达的经济体中，计算机、网络尚未广泛普及，作为省长的习近平却敏锐地捕捉到信息化发展的趋势。他作出批示：建设"数字福建"意义重大；"实施科教兴省战略，必须抢占科技制高点；建设"数字福建"，就是当今世界最重要的科技制高点之一。"批示仅半个月后，"数字福建"就被写入福建省委提出的"十五"计划纲要建议。两个月后，习近平主持召开省政府专题会议，决定成立"数字福建"建设领导小组，并担任组长。

建设"数字中国"，在习近平心中占有重要位置，党的十八大以来，以习近平同志为核心的党中央放眼未来、顺应大势，做出建设"数字中国"的战略决策。2018年4月，习近平总书记在致首届数字中国建设峰会的贺信中强调："加快数字中国建设，就是要适应我国发展新的历史方位，全面贯彻新发展理念，以信息化培育新动能，用新动能推动新发展，以新发展创造新辉煌。"

20年的时间，从"数字福建"到"数字中国"，新冠疫情更是加速了数字经济的发展，《中国互联网发展报告（2021）》指出，2020年中国数字经济规模达到39.2万亿元，占GDP的38.6%，并保持9.7%的高位增长速度，成为稳定经济增长的关键动力。截至2021年6月，中国5G基站总数达到96.1万个，占全球的70%以上，实现了所有地级以上城市全覆盖。从当年的电脑尚未普及到现在的人手至少一部手机，从当年的办事需要到多个部门提交材料到现在的手机操作即可，从当年的以产定销到现在的柔性定制生产，从当年的下楼买菜到现在的随时可以点外卖，从衣食住行到体检看病，从文化娱乐到就业社保，人们真正迎来了"数据多跑腿，百姓少跑路"的时代。

如果说传统互联网时代，中国的创新更多的是C2C（Copy to China）；在数字经济时代，中国的发展创新已经进入无人区。2017年12月8日下午，习近平总书记在主持第十九届中央政治局第二次集体学习时指出，"要推动实施国家大数据战略，加快完善数字基础设施，推进数据资源整合和开放共享,保障数据安全,加快建设'数字中国',更好地服务于我国经济社会发展和人民生活改善"。2018年10月31日下午,他在主持中央政治局第九次集体学习时指出,"人工智能是新一轮科技革命和产业变革的重要驱动力量,加快发展新一代人工智能是事关我国能否抓住新一轮科技革命和产业变革机遇的战略问题"。2019年10月24日,他在主持中央政治局第十八次集体学习时指出,"把区块链作为核心技术自主创新的重要突破口,明确主攻方向,加大投入力度,着力攻克一批关键核心技术,加快推动区块链技术和产业创新发展"。

《众创:群体崛起大时代》一书中提出了中国会成为21世纪的"汤浅中心"。以数字经济、智能化、生物科技、绿色可持续为特征的第四次工业革命正在大步向人们走来,与前五次"汤浅中心"不同的是,中国已经和世界站在了同一起跑线上,一个东方文明正在和平崛起,中国正在成为数字经济时代新的"汤浅中心"。当然,这是一场由经济、科技、军事、文化等各方面因素组成的综合国力的角逐,机遇与挑战都是空前的。正如2018年5月28日习近平总书记在两院院士大会上明确指出:"中国要强盛、要复兴,就一定要大力发展科学技术,努力成为世界主要科学中心和创新高地。我们比历史上任何时期都更接近中华民族伟大复兴的目标,我们比历史上任何时期都更需要建设世界科技强国!"

第二节
知识产权保护促进数字经济高质量发展

逃避,就一直是输家;唯有面对,才是赢的第一步。

——博胜之道

2020年11月30日下午,十九届中央政治局就加强我国知识产权保护工作举行第二十五次集体学习。中共中央总书记习近平在主持学习时强调,"知识产权保护工作关系国家治理体系和治理能力现代化,关系高质量发展,关系人民生活幸福,关系国家对外开放大局,关系国家安全。全面建设社会主义现代化国家,必须从国家战略高度和进入新发展阶段要求出发,全面加强知识产权保护工作,促进建设现代化经济体系,激发全社会创新活力,推动构建新发展格局"。他指出,创新是引领发展的第一动力,保护知识产权就是保护创新。

作为数字经济时代重要的使能技术之一,区块链在知识产权保护、创新、确权及交易等多个领域发挥着重要的作用,我们在2019年7月受邀与来自中华人民共和国最高人民法院、中央财经大学、北京市法学会等单位的多位专家学者一起参与了雄安新区的知识产权创新保护专题研讨会,在研讨会上我们就区块链的智能合约、共识机制、通证为知识产权登记、确权、溯源、交易、授权、创新等全链条提供基础支撑,进行了学习交流和研讨，并形成共识：基于区块链技术登记、确权的知识产权将会大大激发中小企业对创新的热情，助力知识产权行业成为下一个创业风口。

2020年12月30日晚，中国国家主席习近平在北京同时任德国总理默克尔、法国总统马克龙、欧洲理事会主席米歇尔、欧盟委员会主席冯德莱恩举行视频会晤。中欧领导人共同宣布如期完成中欧投资协定谈判。协定核心内容包括以下四个方面：（1）保证相互投资获得保护，尊重知识产权，确保补贴透明性；（2）改善双方市场准入条件；（3）确保投资环境和监管程序清晰、公平和透明；（4）改善劳工标准，支持可持续发展。此次中欧投资协定的重点内容之一就是保护知识产权。双方联手在投资协定中就知识产权条款做出了明确安排。一方面，这为双方创新发展、知识产权成果保护等提供了重要制度保障；另一方面，知识产权竞争将越来越深入国际贸易的发展。实际上，早在2019年9月，"两高"（**最高人民法院、最高人民检察院**）就发布了一系列涉及知识产权民事、刑事案件办理的司法解释。并且在2020年12月26日，中国法律界迎来重大变革——中华人民共和国刑法修正案（十一）表决通过，此次刑法修正案特别加大了对侵犯知识产权行为的打击力度，对侵犯商标权、专利权、著作权、商业秘密等行为拓宽了打击面，提高了刑罚力度。

产权保护是坚持发展市场经济的必然要求，也是营造良好营商环境的重要方面，既要保护有形产权更要保护无形产权，知识产权就是一种无形产权。知识产权制度是社会主义市场经济制度的基本制度，也是让一切劳动、知识、技术、管理、资本等要素活力迸发，让一切创造社会财富的源泉充分涌流的重要条件。

2018年4月，中国国家主席习近平在博鳌论坛亚洲分论坛的主题演讲上强调，要加强知识产权保护，这是完善产权保护制度的最重要内容，也是提高中国经济竞争力最大的激励。加强知识产权保护被提到了前所未有的高度，深刻地表明了加强知识产权保护是进一步完善产权制度的重要方面，进一步提高我国的竞争力要靠强化知识产权保护。

2015年发布的《中共中央、国务院关于深化体制机制改革加快实施创新驱动发展战略的若干意见》中明确指出知识产权技术是技术创新的基本保障，知识产权既是创新的驱动力，又是促进创新成果转化的桥梁，为创新提供市场化的激励机制，能够有效解决促进创新成果的原动力问题；创新成果只有通过知识产权形成固定的权利，才能更方便地通过交易许可实施转让、入股、融资等方式，实现它的市场价值，从而实现对创新活动的回报，也是实现从创意强到产业强、经济强的有效工具和手段。

针对知识产权保护，美国制定了面向21世纪的知识产权管理战略，随后日本不但制定了《知识产权战略大纲》，还制定了《知识产权基本法》，提出了"知识产权兴国"这一口号。各个国家都根据自己的情况，制定明确的知识产权战略，成为国家提升核心经济能力的重大战略。在这种背景下，我国也开始对知识产权进行保护，2005开始着手制定《国家知识产权战略纲要》，在2008年6月5日，我国的知识产权战略纲要颁布实施，提出16字方针，即"激励创造，有效运用，依法保护，科学管理"，还部署了专利、商标、版权等7大领域的专项任务及9个方面的战略举措。2008年10月，国务院成立了国家知识产权战略实施工作联席会，办公室设在国家知识产权局。党的十八大以来，以习近平同志为核心的党中央对知识产权工作更加重视，知识产权工作提高到了更加重要的地位，党的十八大提出，要制定知识产权战略，加强知识产权保护。党的十九大提出要倡导创新文化，强化知识产权创造、保护和运用。李克强总理多次强调知识产权是重要的资源和经济能力的核心要素，保护知识产权是实现创新发展的必然要求，保护知识产权就是保护创新，就是保护创新人才的热情。李克强总理在 2014 年 7 月 11 日会见世界知识产权组织总干事弗朗西斯·高锐的时候，首次提出我国要建设知识产权强国，在国际社会引起强烈的反响。

知识产权强国这个目标陆续写到了党中央和国务院的文件里，例如 2014 年的《深入实施国家知识产权战略行动计划（2014—2020 年）》，2015 年的《国务院关于新形势下加快知识产权强国建设的若干意见》，还有 2016 年的《国家创新驱动发展战略纲要》中明确强调要建设知识产权强国。2016 年 3 月，经国务院批准，在原来的国家知识产权战略实施工作联席会的基础上进行了升格扩容，由原来国家知识产权局局长召集升格为由国务院领导召集，相应的联席会名字也由国家联席会改成了国务院的联席会议。

在知识产权强国建设的工作体系方面，我国努力构建分层分类、协调发展的格局，努力推动知识产权事业实现五大转变：（1）创造由多向优转变，由大向强转变；（2）知识产权保护从不断加强到全面转变；（3）运用从单一效应向综合效应转变；（4）管理由多且分散向更高效率转变；（5）国际合作由积极参与向积极作为转变。在具体的路径上，国家知识产权局局长提出了 15 字方针，即"点线面结合，局省市联动，国内外统筹"。

2017 年，国务院知识产权战略实施工作部际联席会议办公室组织对《国家知识产权战略纲要》的评估工作，努力形成高质量的评估报告。评估有两个目的，一个是审视过去，另一个是谋划未来。2019 年 4 月形成了《国家知识产权战略纲要实施十年评估报告》，评估报告给出的总体结论是：到 2020 年把我国建设成知识产权创造、运用、保护、管理水平较高的国家，随着几个目标的实现，我国具备了向知识产权强国迈进的坚实基础。结论认为我国知识产权战略实施主要有七个方面的成效：（1）知识产权数量大幅增长，我国已经成为名副其实的知识产权大国；（2）知识产权的成效显著，有利促进经济社会发展；（3）知识产权保护不断加强，营商环境持续改善；（4）知识产权管理体制机制改革不断深化，取得了突破性的进展；（5）知识产权意识明显提高，基础环境进一步夯实；（6）知识产权必要合作不断扩大和深化，国际影响力显著提高；（7）战略实施的成效日益得到国际社会认可。

评估小组聘请了世界知识产权组织的专家，专家组对我国的战略实施给予了高度肯定，认为我国的知识产权战略实施可以作为发展中国家实施战略的典范。评估还认为我国在知识产权领域存在五方面的问题：（1）高质量的知识产权专家偏少，很多地方的政策偏重于数量，忽略了质量导向；（2）知识产权保护还存在法律不完善，侵权处罚力度较低；（3）创新主体的知识产权管理运用能力仍然不足，很多创新主体在知识产权管理的机构缺乏相关的配置，能力有待加强；（4）知识产权基础还存在短板；（5）在相关国际事务能力有待提高，参与国际会议经常是有对案无提案，缺乏积极主动地谋划。

评估还给出了七方面的建议：（1）尽快制定面向2035年的知识产权强国战略纲要；（2）完善知识产权法律体系；（3）加大知识产权保护力度及评估机制建设；（4）多措并举，促进高质量的知识产权创造运用；（5）深化改革，优化知识产权制度；（6）加强知识产权人才队伍的服务能力和文化建设；（7）采取更加主动的国际化发展策略。

总结各国的历史经验可以看出，创新驱动经济增长需要充分的激励，而知识产权制度是创新激励的基础，通过知识产权制度的设计可以促进自主创新，从而由引领经济增长转变为主要依靠自主创新和科技进步为驱动力。

我国经济增长从数量级向质量级转变，从扩张型向效益型转变，从高成本向低成本转变，从投资和要素驱动向创新驱动转变，必须推动知识产权成为重要的经济因素，也必须依靠知识产权制度，用市场的手段来配置创新资源，激发创新活力和推动创新成果的应用。知识产权制度还是推动经济结构创新发展的重要保障，是先进技术引进来的"铺路石"。比如我国的专利制度是在改革开放之后建立的，如果没有专利制度的话，外国先进技术的管理和资本是不敢进入中国的。

知识产权是企业的核心竞争力，也是国家竞争力的集中体现，当前世界前 20 名左右的创新国家，拥有 90% 以上的发明专利；全球 500 强里，企业拥有的 80% 财富是以知识产权为核心的无形资产，美国、欧洲知识产权产业对国家 GDP 的贡献程度分别达到了 34.9% 和 39%，这个贡献度还在不断攀升。知识产权是企业走出去必不可少的敲门砖，如果没有知识产权，企业很可能是想走却走不出去，将遭受附加值低、缺乏核心竞争力等问题的困扰，依赖他人知识产权的企业走出去会面临缴纳高额许可费或转让费的问题，侵犯他人知识产权的企业走出去很可能遭遇知识产权的诉讼和贸易调查等，被排除在市场之外。

第十一届全国人大常委会副委员长路甬祥致信建议制定新的知识产权纲要，目前国家在制定新一轮的强国战略纲要，从创新形式上来看，新一轮科技革命产业变革蓄势待发，并且形成历史性交汇。美国麦肯锡公司在 2017 年发布的报告中提道：移动互联网和大数据等颠覆性技术有望在 2025 年创造 14 万亿美元到 33 万亿美元的产值。

从历史经验上来看，每一次科技革命的产业变革，都伴随着新兴国家的崛起，那些创新能力强的国家总是成为变革的胜出者。各个国家也在为此而努力，并且无一例外地都聚焦在创新和知识产权赋能实体经济上。无论是发达国家还是发展中国家，只有在创新和知识产权上抢占制高点，才有可能在新一轮的科技革命和产业变革中赢得先机。未来，我国须从国家层面推动知识产权制度进行战略性调整，逐步构筑我国知识产权的发展优势，抢抓发展机遇和创新发展的制高点。

我国目前是世界第二大经济体和世界制造业第一大国、世界第一大货物贸易国，对公平合理的国际自由贸易秩序的需求更加迫切。知识产权在某些时候沦为一些国家扩大科技鸿沟、制造贸易壁垒的工具，随着我国开放程度的不断深化和创新能力的不断提高，发达国家围绕知识产权的国际竞争将更加激烈，对我国全方位更高水平的对外开放也提出了新的挑战。应对激烈的国际竞争和新一轮高水平对外开放，需要我国在国家层面加强知识产权领域工作的战略统筹，进一步强化知识产权与经济、科技、贸易、外交等领域的战略协同，推动构建合作共赢的国际规则，树立我国负责任的大国国际形象，营造良好的国际发展环境。

从国内来看，我国知识产权保护战略实施 10 余年间，经济获得了高速发展，人均 GDP 从 2007 年的 2600 多美元，提高到 2019 年的 10000 多美元，使我国拥有了全世界人口最多的中等收入群体；但同时长期积累的结构性矛盾也在不断加深，技术创新不足对经济发展的阻碍日益显现，传统的人口、环境、资源红利逐渐丧失；技术、品牌、文化等核心竞争力的发展模式亟待转变，当前经济进入了快速变化、结构优化、动力转化的经济新常态。

关于新一轮的知识产权强国战略纲要，我国目前主要有以下五个方面的考虑：（1）尊重知识产权发展的基本规律，处理好政府与市场之间的基本关系，为知识产权的创造和价值实现营造良好的制度环境和市场环境。我国正处于产业结构升级阶段，市场主体对于严格知识产权保护的需求更加强烈，需要在稳固推进制度建设和能力建设的基础上，全面从严保护知识产权，完善市场环境，优化竞争环境，充分激发社会的创新活力。(2)要把知识产权支撑创新发展和经济高质量发展作为建设知识产权强国的落脚点和出发点，聚焦提高知识产权的质量和水平，要着重塑造核心专利、知名品牌、百年老店等竞争优势，从而推动形成技术强、品牌强、文化强的知识产权强国；从动态上来看，要充分发挥各类知识产权竞争要素优势，实现对经济发展的创新引领，通过技术支撑品牌突围，推动经济结构优化和转型升级。(3)要紧扣国家战略发展目标，把握经济社会发展的阶段性特征，发挥知识产权对产业和区域发展的助推作用。在新一轮战略纲要里，初步的设想是通过专利提升创新活力，通过商标品牌战略提高品牌经济，通过版权战略提高文化创业产业发展，促进区域特色经济发展。(4)坚定深化知识产权领域改革，打通知识产权创造、运用、保护、管理、服务全链条，更好、更快、更多地激发全社会的创新活力。(5)借鉴国际经验，有效提升我国对国际问题的应对能力，扩大在知识产权领域的国际影响力与话语权，主动与国际规则接轨，服务国家对外开放大局，推动合作共赢，使中国成为真正具有中国特色和世界水平的知识产权强国。

第三节
吃苦耐劳具备奉献精神的中国人

中国人的勤奋，令世界惊叹和汗颜，甚至有一点恐惧。

——罗纳德·哈里·科斯（诺贝尔经济学奖得主）

美国国家统计局 2010 年发布了一组关于世界各国劳动参与率的数据，中国赫然位列世界第一，劳动总量世界第一。劳动参与率是经济活动人口（包括就业者和失业者）占劳动年龄人口的比率，是用来衡量人们参与经济活动状况的指标。

美国的劳动参与率为 65%，日本的劳动参与率为 58%，即使在人口数量上有望超过我国成为亚洲第一人口大国的印度，劳动参与率只有 55%，差不多一半的国民选择待在家里不出来工作。而中国的劳动参与率达到 76%，在中国家庭中，常见的现象是一家人齐上阵，分头劳动赚钱。大量上了年纪的女性即便退休后也积极寻求返聘的机会，她们在各自的岗位上拼搏着奋斗着，散发着属于自己的光彩。

冰心曾说："世界上若没有女人，这世界至少要失去十分之五的'真'、十分之六的'善'、十分之七的'美'。"中国女人在承担生儿育女重任的同时，早出晚归，摸爬滚打，在工厂、学校、企业、工地，在任何有男人出现的地方都有她们的身影，在家中，她们又将大部分精力花在了孩子和老人身上。2017年胡润研究院发布了一份全球各国白手起家女富豪排行榜，来自12个国家的88名女富豪上榜，其中中国女性就有56位，占全部人数的64%，在前10名女富豪中有6位是中国女性，同时中国女性也承包了前三名的位置。

在中国，人们常会听到"比你优秀的人，比你还努力""不积跬步，无以至千里；不积小流，无以成江海""少壮不努力，老大徒伤悲"等类似的格言警句。评价中国人，只有勤奋是不够的；中国多数人都具备奉献精神和吃苦耐劳的品质。在2020年抗击新冠疫情的战斗中，重庆有一位多年独居的87岁老人，租住在一个老旧门市内，平时摆摊卖小百货来补贴家用，生活节俭舍不得为自己多花一分钱，却把自己一生积蓄的20万元捐给了国家，有人劝她说："老人家存点钱不容易，别捐了。"可老人说："国家有难，我不能做旁观者。"这不是孤例，类似这样的现象数不胜数。

中国人这种吃苦耐劳的能力和奉献精神在日常生活生产中也很常见。改革开放已经40多年了，人民物质生活水平已经获得了较大的提升，但人们拼搏努力的精神依然不减。

2018年联合国世界卫生组织（WHO）对全球人体素质和平均寿命进行测定，对年龄划分标准做出了新的规定，规定18至65岁年龄阶段的人为青年人。这个年龄阶段的人有活力、有野心、有想法、有创造力。在《众创：群体崛起大时代》一书中我们提到了一个计算国家创新能力的指数——国民创造总时间（GDCT，Gross Domestic Creative Time），可具体描述为全国有创造力人口的创造时间总和，代表了国家的创新创造能力，根据美国统计局的这份数据和我们的计算方法，在 2030 年，中国的 GDCT 全球第一，并且远远超过美国、韩国、日本、德国等国家。

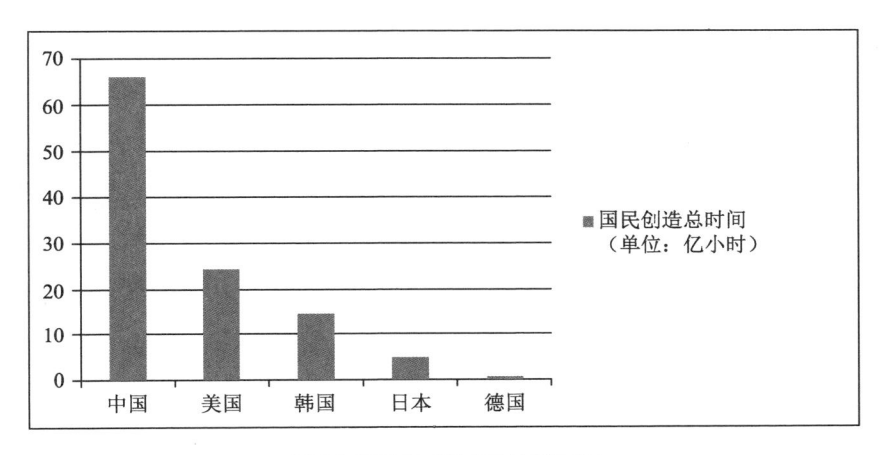

2030 年国家 GDCT 估算对比

第四节
中国数据与场景的多样性

每一个不曾起舞的日子,都是对生命的辜负。

——弗里德里希·威廉·尼采

2020年1月17日,国家统计局发布数据显示,2019年年末中国31个省、自治区、直辖市和中国人民解放军现役军人总人口为140005万人。其中60后大概有2.2亿人,70后有2亿人,80后有2亿人,90后有1.6亿人,00后有1.2亿人,4~6岁小朋友有大概1500多万人;本科以上学历的4600万人,男女单身人口达到2亿人;具备确诊条件的抑郁症患者有2600万人;3000多万人年收入低于2300元,超过9000万人年收入低于3万元。

2018年中国民航局统计全年搭载乘客6.1亿人次。其中很多是单人多次往返;中国快递数量已经达到了507亿件,基本上平均每个人每月要寄3个快递;支付宝每月的新增用户中,有超过55%来自三四线及以下城市,三四线城市每个月的通信设备活跃数量达到6.1亿台;农村有44%的家庭没有电脑,但是93%的家庭是有手机的。南京有800万人口,整个城市一年能吃掉1亿只鸭子。四川不到1亿人口,每年要吃掉将近2亿只兔子,全国一年要吃掉500亿只小龙虾。

一个个数据的背后意味着数字经济时代的创业机会,单身经济、消费升级、银发经济所对应的商业机会将在数字经济时代大放异彩，商业潜力巨大；尤其是在以区块链、元宇宙为代表的数字经济时代，伴随着底层基础消费与消费代际差异带来的消费动力，加上经济快速发展，人们生活水平不断提升，社会消费重新分层，相关的相亲产业、医疗产业、成人用品行业、消费娱乐、零售、教育等多个行业将会出现创新商业生态。数字经济时代所有的商业机会都需要成规模，在中国，各种年龄段、各种消费能力和消费习惯的用户都具备一定的规模，因此，基于数字经济的商业应用及便民服务产品才会出现网络效应。

梅特卡夫定律公式（$V=K \times N^2$，K 为价值系数，N 为网络用户节点数）是网络价值的衡量公式，网络价值与网络用户节点数的平方成正比，网络使用者越多，价值就越大。但在用户没达到临界点时，网络运营的成本高于网络的价值，只有用户规模超过了临界点，网络的价值才会超过网络的运营成本，并且之后的价值会以指数级的方式增长。就像一部电话没有任何价值，几部电话的价值也非常有限，成千上万部电话组成的通信网络才把通信技术的价值发挥到极大。了解了梅特卡夫定律就理解了为什么很多互联网公司在创业早期拼命补贴用户，为的就是拓展用户规模快速超过临界点。一项技术多快才能达到必要的用户规模？这取决于用户进入网络的代价，代价越低，达到必要用户规模的速度也就越快。了解了梅特卡夫定律就知道了互联网公司如何估值，以及如何去投资一个互联网公司了。梅特卡夫定律还决定了在用户达到一定的数量之后，网络就可以爆炸性地向经济和社会各个领域进行广泛的渗透和扩张，理解了这点就可以知道为什么像阿里巴巴、腾讯、美团这样的互联网公司越来越难以被定义了，以及这些公司为什么对大众生活和工作的渗透领域越来越多。

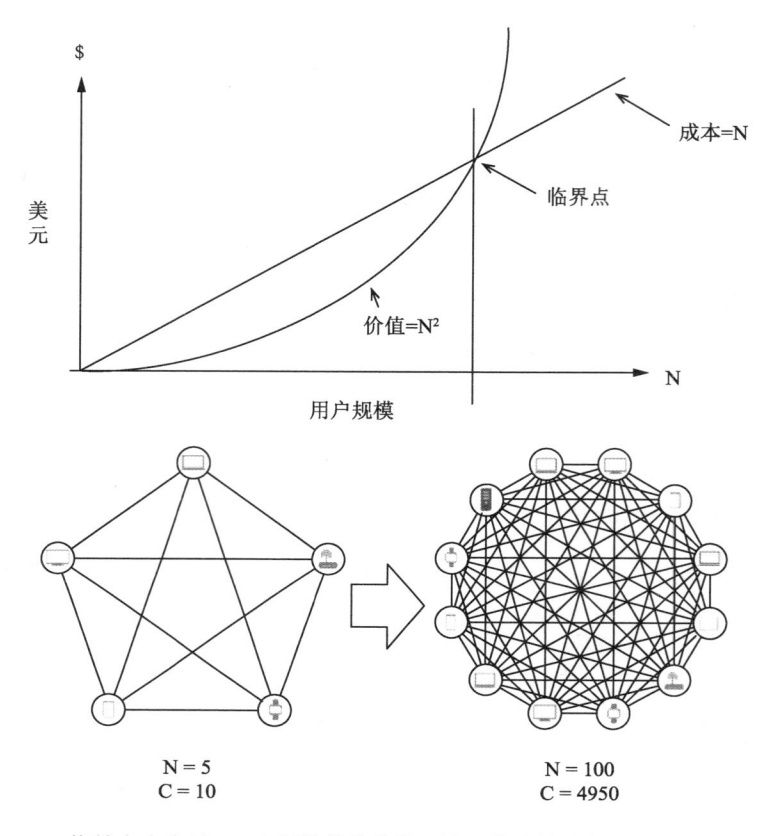

梅特卡夫定律：一个网络的价值等于该网络内的节点数的平方

随着网络节点的增加，不仅仅增长了网络价值，更增加了网络的稳定性、活跃度和互联性。就像你的手机通讯录中只有 10 个人的电话，如果 10 个人都关机，你就没办法使用网络通话服务；如果你的手机通讯录有 100 个用户，就不怕 50 个用户关机了，因为剩下的用户也足以让你使用网络通话服务。越多节点的加入才会让网络的协作效应更明显，甚至让一部分用户来满足另外一部分用户的需求，就像人们使用的输入法的皮肤，很多并不是输入法研发公司研发的，而是网络用户开发的。只有用户达到一定规模后边际成本才会递减，甚至在具备一定规模的用户量之后边际成本降为零，创新商业运营公司就会出现超额利润，具备了超额利润，企业和社会将加大对科技创新的投资动力。而在其他国家，要不就是没有足够多的人口基数，要不就是没有如此众多的商业分层场景，或者没有如此多专注于数字经济的创新创业群体来满足如此细分的市场需求。

中国有巨大的经济纵深，人口众多，物种多样性、居住环境多样化，生产生活条件各不相同，为以"大数据"作为生产资料的数字经济发展提供了生产基础。数字经济是一个生态型的经济，既然是生态型就要有物种的多样性，因为物种越丰富，生态越繁荣稳定。尤其是在经济摩擦日益激烈的当今世界，全球协作的大生态存在着严重的不确定性，中国数字经济生态多样性的优势就越发明显，后面的章节中会详细介绍数字经济时代的物种多样性对创新带来的价值。多样性对大数据这个数字经济时代的生产资料和生产环境的贡献价值非常巨大，可以帮助创业团队更好地训练人工智能算法和基于大数据的机器学习，同样也为数字经济时代的创业公司提供了丰富的使用场景；这将让中国在数字经济时代的创新能力引领世界，创造更多的创业机会！

第五节

中国特色的数字技术产品应用

不确定时代的最大危险不是动荡本身，而是仍然用过去的逻辑做事。

——博胜之道

经济发展离不开稳定的生产和生活环境，数字经济的发展更是如此，国家治理体系是在党的领导下管理国家的制度体系，包括经济、政治、文化、社会、生态文明和党的建设等各领域体制机制、法律法规安排，也就是一整套紧密相连、相互协调的国家制度；国家治理能力则是运用国家制度管理社会各方面事务的能力。2019年10月28日至31日，中国共产党第十九届中央委员会第四次全体会议审议通过了《中共中央关于坚持和完善中国特色社会主义制度、推进国家治理体系和治理能力现代化若干重大问题的决定》，全会提出公有制为主体、多种所有制经济共同发展，按劳分配为主体、多种分配方式并存，社会主义市场经济体制等社会主义基本经济制度，既体现了社会主义制度优越性，又同我国社会主义初级阶段社会生产力发展水平相适应，是党和人民的伟大创造。《决定》提出，坚持多劳多得，着重保护劳动所得，增加劳动者特别是一线劳动者劳动报酬,提高劳动报酬在初次分配中的比重。健全劳动、资本、土地、知识、技术、管理、数据等生产要素由市场评价贡献、按贡献决定报酬的机制。如果说传统经济时代的生产工具是机器，那么数字经济时代的生产工具就是 AI；如果说在传统经济时代我们的生产资料是土地，那么在数字经济时代的生产资料就是数据；如果说在传统经济时代生产关系是人与人的协作，那么在数字经济时代生产关系就是机器与机器之间的协作，而且是 7×24 小时的不间断协作，并且是不打折扣的协作创造，这种新型的协作关系和协作工具就是现代化治理体系和治理能力所必备的工具，并且是智能化且会进化的创新型工具。

乐智科技在社会治理体系与治理能力现代化方向上一直在探索。2019 年，乐智科技受邀参与了武汉大学国家治理与经济体系现代化研究中心的范如国教授团队和王学军团队主办的"治理体系与治理能力现代化"专题论坛。会议现场我们就区块链在基层治理方向的实践和思考进行了专题分享，并且与教授和专家展开了热烈讨论；与来自河北省邢台市巨鹿县的县委书记、人大常委会主任就社会管理经验进行了深入交流，现场大家就区块链赋能基层治理达成了合作意向，乐智科技与武汉大学国家治理与经济体系现代化研究中心联合申报的"国家自然科学基金申报课题"主要方向就是基于区块链的网格化管理，项目落地单位就是河北省邢台市巨鹿县。

在实践中，我们将原有的食品药品安全协管员、村级动物防疫员、民政协管员、燃气安全协管员、人民调解员、综治网格员、"双代"网格员等各类网格员作为基础，进行统筹整合，实现"多格合一"，并且为网格员定制开发了专门的区块链应用 App，结合区块链的存证技术确保网格员每一次上传的时间、地点、事件描述和图片准确有效，并引入了区块链的积分激励机制。在执法端，我们联合百度超级链在底层做了大量的创新，融合了人工智能、大数据等领先技术，通过独创的超级节点、链内并行、立体网络、合约 ACL 背书验签、动态内核、可插拔共识和组件机制，实现技术和业务可拓展性；通过中继链、可信中继等跨链技术和统一流量接入技术，实现多底链框架的拓展和兼容；打造了业内领先的性能指标，单链的 TPS 可以达到 8.7 万，为用户提供了基于区块链存证技术的查看、处理、退回等进度的区块链积分管理体系，通过可视化管理平台实现业务应用的灵活管理，从而保证整个系统在运行过程中准确有效，从而大大提升整个社会治理体系的高效运行。

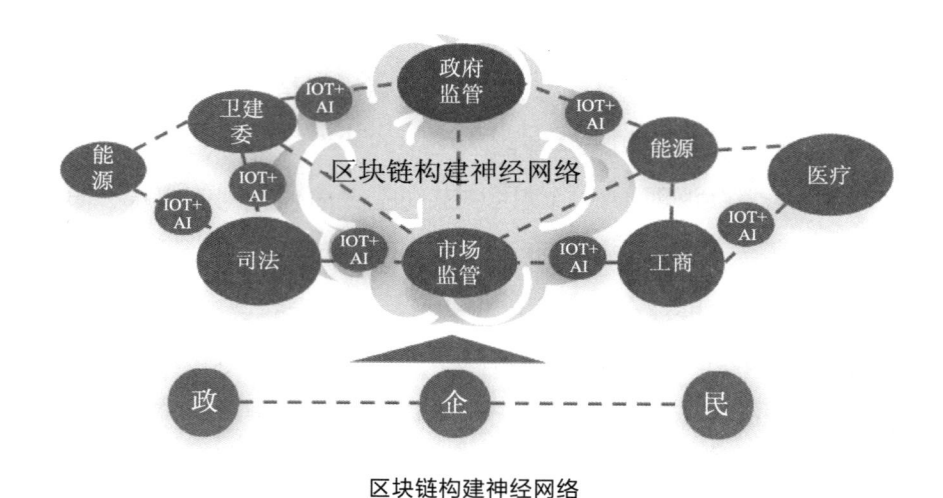

区块链构建神经网络

在社会现代化治理这个领域只有我国政府可以提出并使用这么有力量的管理，尤其是通过这几年的疫情，信息化工具获得了非常大的提升，从行程查询、线上直播听课到线上问诊挂号、办事预约等工作，许多涉及基层群众的事务都实现了线上办理。2020 年 9 月 30 日，国务院办公厅印发《关于加快推进政务服务"跨省通办"的指导意见》(*以下简称《意见》*)。《意见》提出 140 项全国高频政务服务"跨省通办"事项清单。2020 年年底前，实现市场主体登记注册、养老保险关系转移接续、职业资格证书核验、学历公证、机动车驾驶证公证等第一批 58 项事项"跨省通办"。2021 年年底前，基本实现工业产品生产许可证、异地就医结算备案、社会保障卡申领、户口迁移等74项高频政务服务事项"跨省通办"。下一步将加快实现新生儿入户、社会保险参保缴费记录查询等8项事项"跨省通办",同步建立清单化管理制度和更新机制,逐步纳入其他办事事项,有效满足各类市场主体和广大人民群众异地办事需求。

作为社会发展的创新主体,企业在信息化领域做出了更多的尝试。在中国多元的企业市场,尤其是基层以乡镇企业为主体的领域,乐智科技从2012年开始就不断地接到来自中小企业的信息化需求,并成功地为多家企业提供了工业产品的选型、设计图集上网、远程维保等需求,还有几款App获得了Appstore的精品和新品推荐。

在2020年我们受邀参与了河北省重点研发计划之面向钢铁行业物流区块链的关键技术研究与应用示范,与北京航空航天大学、石家庄钢铁有限责任公司（以下简称石钢）等6家单位围绕着区块链、人工智能等数字孪生技术赋能石钢及钢铁行业的相关企业急需解决的痛点问题。我们通过区块链技术使得供应商、生产商、物流商、经销商等信息共享,通过物联网终端采集技术将钢铁行业物流信息实时上传至区块链系统,利用区块链不易篡改、很难伪造、可追溯的特点,对钢铁行业货物入库、出库、运输等环节记录；使用区块链的智能合约,实现钢铁企业物流管理服务自动化、智能化,提高物流效率；使用大数据、数据挖掘、机器学习等技术实现钢铁企业实时数据分析、钢铁物流成本优化及钢铁市场趋势预测；提高钢铁产业链上下游协作效率,形成产业规模化,优化物流布局；建立车源、货源、仓储等信息平台,使用机器学习技术实现钢铁物流各个环节协作,动态规划运输方式和运输路线；同时把货运、物流等数据实时上传到区块链,同步给银行等金融机构,金融机构可以通过链上数据和大数据分析完成对物流公司的贷款业务,进而减轻了物流公司的资金垫付压力。

在这条产业链上，核心企业和供应商是一荣俱荣、一损俱损的关系，好的服务供应商会提升核心企业的供应链实力，进而提高其企业竞争力；核心企业可以通过资金流的介入可以穿透到各级供应商之中，通过数据进行有效的分析可以对其生产过程进行预警；核心企业享有融资定价权，可以满足供应商融资需求的同时自然获取金融收益；为上下游企业提供智能化调度，集中处理配送信息，将不同客户运往同一地点的钢材进行统一配送，充分利用空载的回程车辆为客户提供配送服务，合理配置钢铁物流企业的资源，提高资源的利用率，提高运输工具的满载率，通过规模效应降低运输成本。

第四章

数字经济简史

MABCD⁵ᴳ

第一节

从互联网到 MABCD^{5G} 生态

真正的光明绝不是没有黑暗的时间，只是永不被黑暗所掩蔽。

——博胜之道

2013 年最热的词汇非"互联网思维"莫属，当时在读商学院的我们 20 多位同学在这一年让互联网思维落了地，我们一起协作写了一本到现在已发行了 60 多万册的《互联网思维独孤九剑》，从这个时候开始，互联网技术伴随着互联网思维渗入人们生活的方方面面，深刻影响着人们的生活和工作。

2012 年至今，我们在业内开展了很多的创新创业探索，深深感觉到以"互联网"和"区块链"为代表的新一代新兴信息技术和其背后的思维对于商业变革的重要性。并不是因为有了互联网和区块链技术，才有了互联网思维和数字经济生态。新兴信息科技的不断发展，以及对传统商业形态的不断冲击，必然会带来上层思考方式的变化，互联网思维和数字经济生态才得以集中爆发。在数字经济时代，没有旁观者和评论家，只有参与者和众创人，你认为它重要，它对你来说就有意义，你认为它不重要，它就会"抛弃"你。当然，在科技与社会发展过程中不同年龄阶段的人对技术的发展总会有不同的观点，例如英国科幻作家道格拉斯·亚当斯提出的"科技三定律"。

科技三定律内容如下。

（1）任何在我出生时已经有的科技都是世界本来秩序的一部分。

（2）任何在我 15～35 岁之间诞生的科技都是将会改变世界的革命性产物。

（3）任何在我 35 岁之后诞生的科技都是违反自然规律要遭天谴的。

同样，MABCD（M：移动通信，A：人工智能，B：区块链，C：云计算，D：大数据）与 5G 支撑下的数字经济也是在新一代新兴信息技术的发展进步下诞生的。数字经济及 MABCD[5G] 让互联网解决不了的所有的传统实体行业的难题得以解决，让现实社会通过数字技术表达价值，进而建立四通八达、融合柔性的价值传输体系。作为支撑数字经济下的零知识证明工具和信任机器的区块链符合了商业时代拒绝一家独大的发展诉求，助力商业社会朝着权益分散且社会自治的方向演进。在数字经济时代，各方有着坚实的信任基础，民主自治、互信互利，价值被透明共识地量化、确权、存证、定价并流通，彻底重构了新的生产关系，让交易双方没有主、被动之分而实现公平买卖。

第二节

AI 与数字人：
聪明你的生活与工作

有人在前面探路，自由自在，但也承担代价；有人在后面修路，把探路出来的成果，固化为基础设施。

——博胜之道

1946 年全球第一台通用计算机 ENIAC（埃尼阿克）的诞生，为人工智能的研究提供了物质基础。1950 年，艾伦·图灵提出了"图灵测试"。如果电脑能在 5 分钟内回答由人类测试者提出的一系列问题，且其超过 30% 的回答让测试者误认为是人类所答，则通过测试，"图灵测试"为制造具有真正智能的机器提出了可能性。1956 年，在美国达特茅斯学院举行的一场为期两个月的讨论会上，"人工智能"概念首次被提出。

1959 年，被称为"机器学习之父"的亚瑟·塞缪尔在 IBM 的首台商用计算机 IBM 701 上编写了西洋跳棋程序，即对所有可能的跳法进行搜索并找到最佳方法，开启了"推理就是搜索"的机器学习时代，这个程序顺利战胜了西洋棋大师罗伯特·尼赖。但仅仅具有逻辑推理能力远远不够实现人工智能，许多难题并没有随着时间推移而解决。

1964 到 1966 年间，诞生了世界上第一个人工智能聊天程序 ELIZA，这个程序能够根据设定的规则和用户的提问进行模式匹配，然后从预先编写好的答案库中选择合适的回答。"对话就是模式匹配"，这是计算机自然语言对话技术的开端，人们现在大量使用的人工智能客服多数采用这种模式。

世界上第一个人工智能聊天程序 ELIZA

　　1970—1980 年，许多系统程序与专家知识领域被结合并运用在实践之中，基于规则的专家系统应运而生，但专家系统存在着高度依赖知识工程、应用领域狭窄、知识获取困难、维护费用居高不下等问题。

　　随着时间的推移和摩尔定律的发展，有人预测人类将获得无限的计算能力，根据这个预测，以 IBM 为代表的一群人提出了以计算代替智能的观点，并于 20 世纪 90 年代开发出了专门用以分析国际象棋的超级电脑——深蓝，它可以穷举并生成所有可能的走法，然后不断对局面进行评估，尝试找出最佳走法，并在 1997 年 5 月击败了国际象棋世界冠军加里·卡斯帕罗夫。

　　截至 2000 年，人工智能走过了"模式匹配""推理及搜索的机器学习""专家规则系统"和"计算枚举"阶段，但并没有出现这些模式和商业的融合，而是碎片化地出现在发展中，人工智能并没有出现大规模的商用。从资本投入角度来评价，人工智能的发展经历了"三起三落"。

值得庆贺的是，伴随着2005年的新一轮互联网创业热潮、网络带宽提升、核心算法的突破、终端设备的CPU和GPU计算能力的迅速提高、用户场景多样化以及海量数据的支撑，2006年，美国计算机科学研究者杰弗里·辛顿（Geoffrey Hinton）提出了使用神经网络进行机器学习、记忆、感知和符号处理的方法。这个方法把之前人工智能在"模式匹配""专家规则系统""计算枚举"等所有这些"碎片"整合在一起形成了一个有机整体，使包括语音识别、计算机视觉在内的诸多领域都取得了突破性的进展。人工智能终于迎来了质的飞跃，开始了其从科幻逐步走入现实的进程。

这个时期的人工智能得以大规模的应用，例如阿尔法狗（AlphaGo）战胜围棋世界冠军李世石，在旅游住宿行业的刷脸乘车、刷脸酒店登记、机器人导游讲解，在新闻和知识学习领域的相关推荐技术，在沟通交流领域的智能翻译和语音语义识别等。

在金融领域，乐智科技为银行开发的智能审贷系统使用机器学习把虚假交易率降低了近10倍；为证件审核系统开发的基于深度学习的OCR系统，使证件校核时间从1天缩短到1秒，同时提升了30%的通过率；通过导入银行原有的海量金融交易数据，使用深度学习技术在这些金融数据中开启自动发现模式，分析信用卡数据、识别欺诈交易并提前预测交易变化趋势，做出相应对策；基于机器学习技术构建金融知识图谱，基于大数据的风控需要把不同来源的数据（结构化和非结构化）整合到一起，检测数据中的不一致性，分析企业的上下游、合作、竞争对手、子母公司、投资、对标等关系。

乐智科技正在研发的银行AI数字人智能交互服务，运用最新的AI虚拟形象技术，结合语音识别、语义理解、语音合成、虚拟形象驱动等AI核心技术，通过手机App、大屏一体机等终端展现形式，实现用户与银行虚拟客服之间的"面对面"互动交流、业务咨询、智能问答、服务导览。

银行 AI 数字人围绕总行、分行和支行不同的业务侧重和方向，定制不同知识体系的知识库，做到对数字人知识体系的层级化管理。依托银行运营管理平台的知识库体系，银行 AI 数字人客服能回答各种复杂的业务问题。当遇到超出知识库范围的问题时，它可以由平台管理人员远程接管，及时回复。平台还会自动记录这类问题，在完善答案后及时更新到知识库中。另外，AI 数字人服务中台还可以汇聚前端数字人产生的业务信息，对各网点关注的问题及高频问题、高频业务需求等进行统计归纳并智能分析，辅助预测未来业务方向，对分行、支行等各网点的业务开展进行有效的统筹规划。

银行 AI 数字人具备智能问答功能，内置对话编排、知识配置、商品推荐、场景营销、真人接管等多种数字人技能，提供便于操作的图形化工作台进行编排及配置。数字人通过业务内容设置后可迅速开始工作，能够通过活泼生动的形象、亲切自然的交流解决客户需求，对各类业务都能进行准确无误的引导。银行 AI 数字人不仅能够有效解决传统人工客服存在的服务时间长、服务效率低、管理难度大等问题，还有利于服务标准化，同时有效降低人力综合成本。

根据高工智能产业研究院（GGAI）监测显示，2018 年乘用车新车中 L1 级别自动驾驶的渗透率约 14%，L2 级别约 5%，合计 19%。中国工程院院士、中国人工智能学会前理事长李德毅也曾在报道中表示，从 1984 年到 2018 年，自动驾驶汽车已经走过了 0～1 的阶段，即科研探索期。但 2030 年前，自动驾驶都将处于产品孵化期，完成从 1～10 的过程，届时预计无人驾驶汽车的规模能达到万辆级别。新石器慧通（北京）科技有限公司（以下简称新石器）无人车是兼顾科技与服务的非载人智能服务型无人车，凭借"车""机器人""AI"三重优势，兼备 L4 级自动驾驶及服务机器人 AI 能力，凭借在物流行业智能硬件经验，融合车规级产品化能力，以 L4 级无人车为载体，借车联网之力，在全球率先完成 L4 级无人车产品商业化落地和规模化交付。2021 年 5 月 25 日，北京高级别自动驾驶示范区发布无人配送车管理政策，新石器无人车作为首批无人配送车头部企业获颁无人配送车车辆编码，实现国内首批无人配送车合规上路，新石器无人车作为离用户最近的无人驾驶便利店，在国内首个智能网联汽车政策先行区内构建无人车服务网络，常态化提供便民服务。

"链上城市"App 区块链便民服务平台实时数据

"链上城市"App 是巨鹿县委县政府为巨鹿县人民开发的便民服务手机应用，用户利用人脸识别技术进行远程身份认证，根据系统提示完成指定动作识别，即可进行 App 解锁以及刷脸贷款等业务。其中的客服功能已经由原来的远程客户服务转为大数据智能机器人完成，同时实现了 100% 自动语音识别。当用户通过"链上城市"客户端进入"我的客服"后，基于人工智能的虚拟人开始发挥作用，"我的客服"会自动"猜"出用户可能会有疑问的几个点供选择，这里一部分是所有用户常见的问题，更精准的是基于用户使用的服务、时长、行为等变量抽取出的个性化疑问点；在交流中，则通过深度学习和语义分析等方式给出自动回答。问题识别模型的点击准确率大幅提升。

巨鹿县是全国金银花重要产地，2019年11月，巨鹿金银花入选中国农业品牌目录2019农产品区域公用品牌，如今金银花种植面积超过13万亩，年产干花1.4万吨。随着需求不断增加，金银花产量也需要不断增加。随着农业就业人数缩减，会导致金银花采摘劳动力产生缺口。2019年我国常住人口城镇化率为60.60%，"十三五"期间有1亿农村人口完成了城镇转移落户，农民的数量持续下降。农业农村部对固定观察点两万多户农户进行观察发现，中国务农一线的劳动力平均年龄达到了53岁，其中60岁以上的务农劳动力占比为25%。采摘机器人作为智慧农业的代表之一，能够节省大量的时间和人力成本。因此，对于采摘环节来说，自动采摘机器人在不久的将来将是一个必要选择。

采摘劳动力的短缺将导致大量的金银花不能及时收获。采摘金银花是一项低薪、季节性、重复性的工作，而且采摘成本高昂。随着原有采摘工作者逐渐衰老，年轻一代正在向城市地区迁移，从事金银花采摘的工人越来越少。在金银花采摘中，时间就是一切，延后1天采摘的金银花将会开花，损失其药用价值。针对以上问题，我们联合北京邮电大学、中国农业大学的人工智能专家，研发设计金银花智能采摘分拣机器人来进行金银花的采摘。

长期以来机器人采摘金银花存在四个方面的问题：一是机器对金银花成熟度的判断准确率低，二是机器采摘的效率太低，三是采摘机器人对部分金银花的损伤程度高，四是很难对金银花的颜色和大小进行分辨。我们在研究了"华为天才少年"彭志辉给葡萄完美缝针的机械臂后，进程大大加速，基于鸿蒙操作系统和昇腾Atlas处理器，采摘机器人可以在合适的时间以较低的成本满足种植户对采摘、分拣劳动力的需求，从而使金银花种植管理变得更加轻松，利润也更高。而且采摘机器人的服务具有完全可扩展性，不仅可以满足不断增长的采摘需求，还能满足分拣的需求，并且可以无缝部署到任何地方。

采摘机器人要想满足种植户的需求，人工智能必不可少。我们的采摘分拣人工智能感知算法主要包括四方面：（1）视觉算法，检测金银花、叶和其他物体，包括金银花分类（大小、颜色等）；（2）机动算法，最优轨迹规划与执行；（3）平衡算法，稳定算法以平衡机器的力；（4）路线优化，基于金银花种植数据的采摘机器人路线管理优化算法。我们的采摘分拣机器人不仅能够检测金银花的颜色、大小，还可以实现对水果的采摘和分拣，可以快速检测水果类型、瑕疵和质量等指标。此外，通过我们开发的无人机集群管理软件，还可收集和跟踪每棵树的产量、质量和轨迹规划等数据，用于后续提高采摘效率和品种选育。

第三节

Block Chain（区块链）：
让你的贡献看得见，摸得着

以贡献感为指引，你是幸福的，也是自由的。

——博胜之道

2019 年 10 月 24 日下午，中共中央政治局就区块链技术发展现状和趋势进行第十八次集体学习。中共中央总书记习近平在主持学习时强调，区块链技术的集成应用在新的技术革新和产业变革中起着重要作用。习近平总书记明确指出，要把区块链作为核心技术自主创新的重要突破口，明确主攻方向，加大投入力度，着力攻克一批关键核心技术，加快推动区块链技术和产业创新发展。这次集体学习的讲解人是陈纯院士，本书作者之一薄胜在 2019 年 7 月与陈纯院士共同为《深入浅出区块链核心技术与项目分析》一书作序。

到底什么是区块链呢？区块链是基于安全可信计算、高效价值网络打造的分布式自治社群。如果说互联网是用数学定义信息，那么区块链则是用数学定义信用，区块链带来的不仅是技术革命，更是认知革命，区块链为人们打开了一扇窥视数字时代财富的大门。如果人们的认知还停留在工业时代甚至农业时代，将会在数字时代与财富无缘；在数字时代，社交软件的聊天内容、电商购物记录、游戏装备乃至人们在元宇宙中的皮肤、头像都将创造不可想象的财富，而这些财富都将依赖于区块链这个数字时代的基础设施才能获得确权、定价、交易。从效率角度来讲，从物物交换到金本位，再到纸币作为流通货币，每一次改变都使得货币效率得到极大的提高，而基于区块链发行的数字货币及各国央行受到启发而发行的数字货币，将进一步从制作、流通、加密、清结算等各环节提升货币效率。加密货币集商品、货币、证券等多重属性于一体，除了具备流通功能外还具备激励功能，有激励才有动力，激励是推动社会发展的基石；激励的基础是信任，区块链通过去中心化的分布式账本，实现了真正的信任机制。区块链是一种去中心化的分布式账本数据库，这里有两个关键词，一个是去中心化，另一个是分布式数据库，去中心化是针对中心化来讲的，在区块链世界，与其说去中心化，不如说分布式中心。举个例子，中心化就是指定一个嘉宾在台上讲话，指定一个人在记录，其他所有人只能在底下坐着听，而去中心化的意思是每个符合相关条件的人都有机会被选出来上台讲话，都可以做好记录，每个记录全面、文字清晰的记录都会有被采用的机会。分布式账本数据库体现在记账方式上，不是只有一个中心化的账本，而是每个节点会同步共享复制整个账本的数据。就像会议纪要的整理，根据会议精神挑选出一个最好的记录，在此基础上稍加调整后复印给每位参会者备份，谁也不能改，谁也改不成，想改也要把所有人的都改了，这几乎是不可能完成的。

去中心化的分布式账本首先可以让系统更安全可信，数据在多台计算机上完整复制，让区块链不受任何人或实体控制。其次是不可篡改，一旦信息、数据完成了上链过程，所有人都将无法修改信息，甚至可以实现每次登陆都被记录，给修改者造成心理震慑，就像中本聪在论文中提到的鼓励节点保持诚实可信的激励机制。如果一个贪婪的攻击者发现作恶的成本更高，同时破坏系统将损害到他自己的财富，他就不会再去作恶了。再次是可访问，网络中的所有节点都必须要实现信息可访问，保证公开透明，让信息运行在阳光下；区块链系统的无第三方特点使得发生在区块链上的信息交易和资金交易都无须第三方批准。

我国区块链行业正处于高速发展阶段，创业者和资本不断涌入，企业数量快速增加。根据《2018 年中国区块链产业白皮书》显示，2013 年至 2017 年，我国以区块链业务为主营业务的区块链企业数量逐年增加，截至 2018 年 3 月底，已经达到了 456 家，我国区块链专利数量也位于世界前列，像百度超级链这样的原创区块链公司不但掌握了核心技术，还率先实现了开源，成为开放原子开源基金会的首个区块链捐赠项目。从技术上来看，国内的区块链发展迅速，不断地改变着人们的生活，通过区块链技术人们再也不需要烦琐的个人证明，所有证明都可以在区块链上公证，变成可信任的东西。基于区块链建立的数字身份系统，提供去中心化的数字身份，在证明身份的同时保证数字身份的绝对可控和绝对拥有，解决企业和用户隐私泄露难题。人们看病再也不需要反复到医院进行检查，病历信息通过区块链实现上链后，医生通过患者授权可以随时随地从区块链上提取患者的病历信息。在区块链技术支撑下，人们可以知道每一个水果从生产到流通环节的全过程。人们的版权保护更有效，因为把作品放在链上，一旦有人使用该作品，创作者立刻就会得到通知。所以才会有"区块链让网络更可信"。实现了可信之后就要解决价值的问题，区块链首先根据真实世界的身份做确认，通过家人、朋友、同事等社会关系认定，实现了身份证这种全民共识的认证方式，在避免了伪造身份证的同时保证了身份数字化是准确且唯一的。然后围绕这个数字身份产生数字资产的确权、定价和交易等环节，快速交易的达成极大地提升了经济社会运行效率，这意味着单位劳动对应的价值更高，创造的社会财富也更多。

亚当·斯密在《国富论》中提到"交换能有效提升人类生产效率",而交易关键因素之一就是价值,如何体现价值和确保价值以及如何更好地交换价值就变得非常重要了,区块链恰恰就是为传递价值而生的。基于区块链上的数字身份,人们不仅可以实现数字资产的确权,还可以让现实世界的资产通过IOT等技术手段实现链上确权。例如某人购买了一套房子,通过区块链的不动产登记可以实现房屋与业主数字身份的关联,如果自己没有住,业主可以通过VR的方式把房间的布局实现上传,输入地段、楼层、面积等信息后就可以通过大数据和人工智能计算出出租价格,租客可以通过VR和元宇宙的方式实现在线看房,通过区块链获得业主的授权查看过往的租赁信息;租户在线看完房屋信息、小区信息等居住环境后确认是否租赁,再约房东进行实地看房和面谈,一旦确定了要租赁,就可以签订租赁合同,把租赁合同上传到区块链之后,基于区块链的不动产登记系统就会识别合同中的关键信息,例如租户姓名、工作单位、银行账号、付款条件等,智能合约将会根据合同约定的付款方式按时进行租金支付,当然以上过程也离不开各个中心化部门,比如公安部门、征信部门的支持。在大数据时代,人们可以先通过区块链把数据进行确权,然后通过区块链技术实现份额化和风险定价,实现快速流转,为资产提供流动性。区块链价值网络的形成不是一蹴而就,还要不断提升整个社群的认知,比如要让大家对DApp分布式应用、身份识别等新概念有一个系统化的认知。区块链技术最基础的定义是"分布式账本",它能降低会计工作的舞弊风险,能去除会计流程中人的影响,这在很大程度上能解决当前会计业务中最大的困境。区块链通过分布式的账本,每笔交易的副本会被"广播"给全网所有的用户,而不是被一个中心控制的两本分类账,这正在颠覆着人们习以为常的企业经营模式。历史上法国国王路易十四的故事可以说明记账对这个世界的影响，路易十四从 1661 年开始，每年都会收到两次来自财务大臣让·巴普蒂斯特·柯尔贝尔的账簿，这位随身携带会计记录簿的国王通过账簿可以了解自己的开销、收入和资产状况，他在柯尔贝尔的帮助下曾经创立了一套会计记账系统，通过这套系统可以将各部门的账户记录整合起来，随时可以对自己的统治疆域进行核算，方便他对国家的治理，这时候的路易十四会适当地控制自己的好大喜功。不幸的是，1683 年财务大臣柯尔贝尔去世了，路易十四就把这些账簿丢在了一旁，之后开始大兴土木，修建凡尔赛宫，经常发动战争，让国家财政收支一直处于赤字状态，到 1715 年临终之际，他承认自己已经把法兰西挥霍一空了，这也是历史上首次有记载的君王对会计核算如此关注的例子。

　　美第奇家族的没落、西班牙帝国的兴亡、法国大革命的爆发、美国独立、全球经济危机、数字经济的崛起……这些事件的背后都跟会计核算密不可分，从简单的单式记账、复杂模型到现在的智能合约，无一不体现在对经济活动的核算、监督、预测等职能的赋能。在近千年的金融历史和政治责任单中，记账这一最基础的行为不仅影响着每个人、每个国家乃至全球化的经济走向，还成为创建稳定金融系统的核心工具。互联网是以数学的方式定义了信息，区块链是以数学的方式定义了信用，技术圈里流行的一句话对区块链进行了充分的描述——"In math, We trust"。正如中本聪所描述的"贪婪的攻击者发现作恶还不如按照规则行事、诚实工作更有利可图"一样，区块链上的共识机制一旦确认并写到智能合约中，基于区块链的基本信任就达成了。当然区块链也不是万能的，恶意用户非要上传造假数据，链上也没有办法纠错，但错误一旦产生就不可能再有改变，并且还会记录下来这个错误是由哪个人通过哪个 ID 账号上传的。

区块链这项与生俱来的重构社群秩序的技术力量，从诞生之日起就以"code is law"的方式推动着新型组织协作方式的达成。从自由经济大师弗里德里希·奥古斯特·冯·哈耶克到中本聪，一代一代的时代弄潮儿在努力地尝试构建一种新型协作组织，但都没有获得更大的成功，核心原因在于没有相关的技术手段和社群在更高层面上形成共识，但区块链的出现加速了新型协作组织的出现，从区块链的第一个典型应用开始就出现了新型的社群化组织网络，整个社群没有听说任何一个人拿过一分钱的工资，没有租赁过办公场地，甚至连维持节点服务和网络运营的服务器费、电费都没有支付过，它的出现为创新型协作组织提供了一个范式，解决了互联网、线下社群协作组织和物联网等协作没有有效激励的难题。

2018年12月21日的CCTV《新闻联播》中出现的一个画面，是一个让所有创新创业人眼前一亮的地方——中关村创业博物馆，一个从9月份开始试营业的，由众多创业者、投资人捐赠的，截至目前最完整地记录了整个中关村发展历程的地方。

这个地方位于中关村创业大街，如果站在它的门口，你将会头"顶"瀛海威，脚"踏"四通基石，左边黄色的门是金山1988年创业之初的门，右边红色的门是联想创业之初小传达室的门。在这些企业中，金山可称得上是中国软件行业的"活化石"，从电脑办公软件到手机端的WPS，从游戏到金山词霸，从当年的杀毒软件到现在手机浏览器；联想就更不用多说了，从当年的汉卡到PC机，即使到现在，也是全球领先的互联网设备提供商，并且创造了中国企业收购全球领先品牌Thinkpad、Motorola的历史。这两家企业全流程地见证了中关村的发展历史，当然只介绍这两家企业还不够，因为四通和瀛海威也曾创造过奇迹。四通是中关村创业博物馆的基石，作为当年中国电子信息产业的一支"主力军",四通一家企业就占据了中关村产值的半壁江山。头顶是当年瀛海威的 logo，它被称作中国第一家互联网公司。

中关村创业博物馆在开馆当月就被《新闻联播》报道了两次，成了青少年重要的科普教育基地。很多来过的人都在问，这是一个什么样的地方？到底该怎样定义？真的是"一千个人眼中就有一千个哈姆雷特"，一千个人就有一千种定义。但这并不会影响这个组织的发展和进化，这个博物馆是由众多中关村创业者共同捐赠的，发起人是"车库咖啡"的创始人苏菂。从当年的"车库咖啡"开始，苏菂一直想要做一个具备独特精神气质的地方，也就是所有创业者追求的"精神极致的地方"，但伴随着资本化运营，"车库咖啡"到处建分店，慢慢失去了苏菂作为 CEO 时的"味道"，所以苏菂就把自己的"车库咖啡"股份捐赠给了中关村人才协会。2018 年 3 月 26 日，中关村创业博物馆的筹建工作在中关村立方庭的办公室里开始了。

作者向谭浩强教授介绍《乐智众创 STEAM 教育丛书》的编著理念

在中关村创业博物馆，人们可以听四通联合创始人王辑志老爷子分享开启了中国办公自动化的四通 2401 打字机的研发经历和其中的心路历程，还可以跟我国计算机普及和高校计算机基础教育的开拓者之一——谭浩强教授交流编程教育如何从娃娃开始。

当然这里还有最具备活力和创造力的中青年创业者，捐赠人中有 A 股上市公司董事长，也有初创企业负责人，本书作者之一也是捐赠者。有很多人在问博物馆的名字到底是什么？"叫什么并不重要，想做激励创业者精神的有意义的事儿才最重要，希望能够帮人们回忆曾经的历史，也希望能够留下现在年轻人的样子，希望这里能成为创业者的精神家园，更希望能守护这些精神的存在，希望到这里的你能有所获得，有所思考。"这是博物馆捐赠者给大家的答案，这难道不是协作精神最好的体现吗？在这里大家根据自己的意愿、能力、资源禀赋进行有效协作：喜欢教育，就把自己更多的教育资源导入；张开翼是做 AR 及人工智能机器视觉创业的，他把自己参与制作的 2019 年 CCTV 春晚所用的切红包互动设备捐赠到这里；赵东创建的玩吧有过亿用户，就策划了让用户体验博物馆的活动，这就是协作组织最好的案例。

线下的社群协作靠的是大家的热情和每个人的主观能动性，多数人以小额资金和少量的物资志愿服务，却因为没有相应的技术能力和服务能力而没有办法记录和回馈，而区块链的出现为记录和回馈这些"长尾用户"提供了基础设施，通过区块链这个数字经济的基础设施，不但可以为线下的社群协作提供记账服务和信任协作，更可以为线上协作和所有的物联网终端提供协作基础的 DAO 组织，正体现了"制度红利才是人类最大的红利，它是人类有历史以来最容易普及和推广的红利。"

组织是一种调节社会生产关系的制度，原始社会有亲缘关系的人类可以组建一个氏族，结寨而居，共同采集狩猎和抵御野兽和敌人，获得生存空间。为了安全和发展，氏族和氏族联合为部落，部落和部落联合形成部落联盟，部落联盟有共同的信仰、生活习惯和价值观念，进而融合成了民族。以上便是组织产生和发展的基本面貌，组织是为了解放和发展生产力而存在的。

不管技术发展到什么阶段，组织才是让更多人受益的超级红利，人类为了资源而竞争，也为了生存而协调，协调日程安排、财务、国际贸易等在内的一切。人类相互依存，不是生活在真空中，而是依靠家庭、公司、机构和市场来生存。那么为什么世界上有这么多的协调失败呢？又应该如何加速协调？如何更好地协调自己，激发更好的协调机制？伴随着区块链技术及智能合约的不断发展，去中心化自治组织的制度性优势得到充分的发挥，基于可信网络智能合约技术的去中心化组织就演变成了DAO组织，DAO是一个没有中心化、淡化了等级、不存在自上而下关系的组织，组织的每个成员都有各自的一系列任务和目标，他们通过区块链相互协作并执行实现目标，最终促成集体目标的完成。分布式自治组织的概念最早是由美国作家奥里·布莱福曼（Ori Brafman）在一本名为《海星和蜘蛛》的书中提出的。他在书中将中心化组织比喻为蜘蛛，把分布式组织比喻为海星。书中写道：蜘蛛是中心化（细胞）组织，把它的头切掉后（整个组织）就无法生存了；海星则是由彼此对等（无中心）的一堆细胞组成的，海星撕下的每只触手都可成长为完整的海星。海星和蜘蛛分别代表现实世界中去中心化和中心化的两种组织。海星型组织在遇到挫折和冲突而被分解时，其组织将变成更小的去中心化组织，继续发挥作用；而蜘蛛型组织在首脑被割掉之后，将无法继续运作。相比之下，海星型去中心化组织将具有更强大的生命力。

在传统公司里，规章制度不一定能100%执行，且执行过程也不够透明，一旦涉及多部门，协调起来往往比较麻烦；而DAO的优势在于，它的投票规则是完全公开透明的，这都是区块链强大的可溯源机制和开源的功劳。DAO 中的每个参与者都可以发起提案，让大家来投票进行决策，而通证的多少就代表了投票权的多少。每个人的投票权都是可以跟别人交易的。在面对跟自身相关性大的决策时，每个人都会尽力投票；而当决策跟自身关系不大时，就可以跟那些十分在乎此决策的人进行交易；明知无望，也可以出售选票；最重要的是，不同选项的支持者，可以互相展开谈判，由市场决定选票价值，让少数派最终获得通证补偿。这一机制彻底激活了人们对参与投票的兴趣，无论是什么样的决策，每张票都会真正投向决策，不会产生弃票的现象。DAO 上的投票规则还具有动态优化的机制，如果有人觉得现有规则不好，那么他可以提出方案并发起投票。用投票来更改投票规则，在现实中想要做到这点，不知道要牵涉多少利益方，进行多少次轰轰烈烈的争论，而基于 DAO 可能提高了不止万倍的效率。DAO 站在了协调问题空间的前沿，让人类可以实现超越公司的组织方式进行有效协作，无须许可、任务驱动以及社区运营的架构，它们代表了未来工作组织的功能改进：人们拥有了一个透明、可溯源、可编程的基础，可以在其上建立新的机构，即使创始人腐败，它也不会腐败。2021 年 3 月 10 日，美国怀俄明州正式通过 DAO 法案。这意味着 DAO 将被怀俄明州政府特许和认可，有限责任公司有望转型为 DAO，在官方注册机构中将会出现术语 DAO、LAO 或 DAO LLC。DAO 有望成为国家、市场、公司之外的第四种组织形态，形成新的商业变革。DAO 将彻底改变未来的商业运营模式，即商业组织不再是一家设有总部的公司，而是拥有区块链和来自全世界的成员。在未来，各式各样的金融服务将会在 DAO 的基础上不断涌现，如全球制造业平台、无利息贷款、遵循社区指南所进行的个人对个人的商品和服务提供等。

第四节　Cloud computing（云计算）：让数字生活更高效

未来电脑运算有可能成为一项公共事业，就像电话系统已成为一项公共事业一样。

——约翰·麦卡锡

"天猫精灵，打开电视"，智能音箱回复"好的"，电视屏幕瞬间亮了起来；"小度小度，去公司"，导航路径自动规划完成。这些设备如此智能，不只是因为自身具备的计算能力和存储能力，更重要的是看不见、摸不着的云计算在发挥着关键作用。在数字经济时代，云计算早已经超越了作为一项技术和一种工具的属性，成了一种生产要素，为数字经济的发展提供了核心动力。作为重要的大数据计算和存储技术，云计算把智能终端和设备产生的数据进行清洗、格式化之后再分析、分发，让每个工厂的联网设备和每个人的可穿戴终端产生智能服务，方便人们的生活和工作。

在今天人们的日常生活中，一个个创新小众品牌让人们的吃喝更具选择性；"朕知道了"纸胶带、"奉旨旅行"行李牌等各路萌系产品使600多岁的故宫变得触手可及；便携式消毒筷子、消毒盒，具备提醒、恒温功能的水杯，手持迷你洗衣机、榨汁机等一个个智能便携设备让人们的生活变得更方便。

这些个性化、趣味化的产品正在加速走进人们的生活和工作，伴随着人们生活水平的不断提高，用户的需求呈现出多样性、立体性等特点。要想满足用户的这些需求，未来工厂就需要改变现有的产品，尤其是在消费互联网创新发展向产业互联网融合发展的历史时刻，通过云计算把消费端和生产端连接起来，让交互不再是一次性的，而是动态的、实时的，让供应链中每个参与单位和协作团体都可以发挥自主能动性，消费端的反馈可以随时随地传递到生产端，以期产品和库存信息的实时共享，保证产品品质和生产成本可控前提下多批次、多款式、小批量的生产。从而以消费升级带动供给升级、制造升级，用消费端的大数据逆向优化生产端的产品制造，实现规模化的柔性生产、定制化生产。

不管是"工业 4.0"，还是《中国制造 2025》、"互联网+"，都离不开云计算这个数字经济时代的重要基础设施。

国内知名的家电企业海尔就通过云计算能力完成了"恒温调奶器"的柔性供应链，整个产品的研发过程都在网上公开，互动结束后已有 500 万用户关注，产品推向市场前已经有了 3 万份订单。钢铁企业通过云计算对锅炉的数百个参数进行分析与工业智能应用，在不增加物理设备的前提下达到分钟级别的动态参数优化，从而降低单位能耗。在杭州，通过云计算，50% 的匝道路口信号灯已经由城市大脑智能调控，整体通行效率提升 15.3%。在杭州萧山区，救护车的等待时间最少降低了 50%。

不仅在上述案例中，云计算发挥着重要作用，新冠疫情期间，更是因为云计算的支撑，让上班族实现了"云办公"、学生实现了"云上课"。其中，钉钉不仅平稳度过了流量高峰，而且成为使用最频繁、最流畅的平台之一，这背后是基于阿里云这个亚洲第一、全球前三的云计算服务提供了强大的技术支撑。为了确保网络通畅和用户最佳体验，基于阿里云弹性计算资源编排调度服务，钉钉在短短 2 小时内新部署了超过 1 万台云服务器，这个数字也创下了阿里云快速扩容的新纪录。此外，阿里云遍布全球的 2500 个 CDN 节点和 120T 带宽，也为群直播、视频会议等提供了强有力的支持。

正是由于阿里云在云计算领域的领先水平，当年带领阿里云工程师自主研发了中国的云计算操作系统"飞天"的阿里巴巴技术委员会主席王坚在 2019 年 11 月 22 日当选中国工程院院士，成为民营企业中唯一的院士。王坚在 2008 年带领技术团队开发云计算时，我国没有自己的操作系统，没有自己的芯片，所有大企业的选择都是"IOE"（IBM、Oracle、EMC），这些计算能力、数据库和存储等 IT 硬件基础设施被国外垄断，价格昂贵不说，更重要的是，这些国外的 IT 基础设施跟不上中国互联网的发展规模与速度，在 2009 年的首次"双十一"上，淘宝的服务器就出现了数次崩溃。为了解决这些问题，云计算被王坚在阿里巴巴推出来，任何一次技术创新的成长、成熟都是一条漫长而艰辛的道路，王坚带领的云计算核心团队曾经只剩下 20% 的人，王坚一度被称为"骗子"，2012 年阿里巴巴年会上，他在台上失声痛哭。正是凭着这一份坚持，让人们使用软硬件资源和互联网信息就像使用电一样，不用自己配备发电机或盖发电厂来确保电力稳定，只需根据自己生产生活需要随时购买就可以了。

第五节

Big Data（大数据）：
让你的每个行为都值钱

生活不是我们活过的日子，而是我们记住的日子，我们为了讲述而在记忆中重现的日子。

——加西亚·马尔克斯

一切皆为数字——希腊的著名科学家、哲学家毕达哥拉斯在2500多年前说的这句话在数字经济时代将变成"一切皆为数据"。在毕达哥拉斯时代，他用数字解释世界的运行规律，当人们描述一个人的时候，会说年龄多大，身高多少，体重几何；描述一个人是否健康，会说体温多高，脉搏多少，血糖含量多少等。但在数字经济时代，描述这个世界仅仅有数字是不够的，更需要的是数据，与数字不同，数据具备"5V"特点：Volume（大量）、Velocity（时效性）、Variety（多样）、Value（低价值密度）、Veracity（真实性）。数字只能反映现状，但通过数据，不仅能掌握现实世界，更能预测未来，通过数据，可以让生活更智能，让工作更高效。

2020年，应对新冠疫情让浙江的政府现代化治理能力又一次成为其他省份学习的样板，浙江省一度是全国除湖北省外确诊病例数排名第二位的省份，而与湖北省双向联系密切的温州市，确诊病例数一度全国城市排名前五。在这种局面下，浙江省的防疫工作做得非常出色。2020年2月，在不到两周时间里，浙江省的确诊病例数从全国第2位降至第4位。

截至 2 月 20 日，浙江省是全国唯一确诊过千例、死亡人数为 0 的省份，并且浙江的医护人员在战"疫"过程中没有一人感染。浙江省建立起了覆盖全省 90 个县（市、区）的复工复产监测体系，通过"企业复工率指数"和"疫情五色图、复工率五色图"掌握各地复工复产情况。随着"一图一码一指数"的不断推进和深化，浙江的疫情防控模式已从"封闭式管控"向"精密型智控"转变。自 2 月 9 日复工启动以来，没有发生因返工导致的新增确诊病例，浙江省经济和信息化厅数据显示，截至 2 月 18 日，浙江省规上工业企业已复工 31965 家，复工率 72.2%，较前一天提高 8.9 个百分点，浙江省 921 家 10 亿元以上龙头骨干企业已复工 850 家，复工率 92.3%。除了复工复产，在复学方面，浙江省教育厅提出"一地一策""一校一方案"，全省学校分批分类、分区域分年段返校。自 2 月 20 日起，西湖景区开始有序开放已关停的公园景点。

浙江省之所以能做到这样，很大程度上是因为在大数据应用方面的领先，作为数字经济大省的浙江，从省市到县区，几乎每个地方政府都开发了社会治理现代化的互联网应用和区块链产品。本书作者之一在 2015 年为各地领导干部做互联网思维讲座时，就发现浙江地方政府的领导干部听完课还想抓住机会和老师、同学讨论，研究怎样在政府部门应用，浙江省在政务、行政审批、网格化管理等方面的互联网和区块链应用已经真正实现了落地。例如现在推向全国的健康码就是从杭州市开始运行的，2 月 17 日杭州在全市公共场所及公共交通工具上启用"杭州健康码"扫码认证功能，进入小区、餐厅、地铁、公交等公共场所可以进行扫码认证。认证结果为绿码的，即能通行；认证为红码或者黄码，则须按照有关规定进行处置。部分老年人、小孩等没有智能手机、支付宝而未申领到健康码的，可凭通行证等其他有效证件正常通行。

正是因为这些互联网产品的应用，让浙江省政府在社会治理方面可以进行精细化的管理。如打造无证明城市方面，区块链产品的防篡改功能让民众不敢虚假承诺，吴兴区政府把原来冗长的证明进行了分类处理，做到了"取消一批、承诺一批、共享一批"，真正实现了让民众少跑腿，不跑冤枉腿。在疫情排查方面，浙江省各地政府充分发挥了网格化管理工具的作用，在网格化管理应用的支撑下，充分发挥乡镇街道干部、村（社区）工作人员、综管员、楼道长等网格员的积极性和覆盖能力，真正做到了疫情筛查无死角。

人们看到的是浙江的精细化管理和服务能力，看不见的是背后运行在互联网、大数据和区块链应用上的数据，一条条数据支撑了政府的精准决策，一个个应用让政策不打折扣地落地。数据应用不只是在政府决策与管理方面发挥了重要的作用，在商业领域，数据的价值也在变得越来越重要：今日头条通过用户的行为数据不断优化推荐算法，为用户推送更多的新闻资讯；无人驾驶汽车通过捕捉驾驶人和实时的路况优化行车路线和汽车保险；电商公司通过用户消费数据为消费者推送相关产品，让购买决策更迅速等；这些行为的背后都是数据的价值。

大数据作为数字经济时代的生产资料，就像传统经济时代的土地、种子、石油、原材料等一样，不同的是传统经济时代的生产资料都是有形的，而大数据却是无形的，也不同于传统经济时代的生产资料，是越用越多、越用越好的具有"增量"的生产资料。大数据不仅仅是互联网企业的"血液"，更为实体经济的发展提供了决策支撑和发展动能，尤其是在未来商业消费分层的个性化私人定制时代的来临，如果没有多维度、细颗粒的用户行为数据支撑，企业就不可能实现有效生产和规模化扩张。

不管是在未来的社会生活中，还是政府管理中，大数据都将发挥越来越重要的作用，人们不仅要注重大数据的使用，更要注重大数据的来源、确权、保护和交易，尤其是伴随区块链和5G的到来，联网终端将迎来爆发式增长，腕带、水杯、眼镜等所有的可穿戴终端，工厂的每台联网设备、供应链体系每天都会产生大量的数据，这些数据在数据时代都将成为人们的"数据资产"，都有变现价值，也具备变现能力，可以带来相应财富。数据将成为重要的生产要素，每个人都要重视自己的数据，珍惜自己在数字经济时代的每个行为。

第六节

从 1G 到 6G
为科技创新加加速

凡是过往，皆为序章。

——莎士比亚

5G 可能是 2019 年在中国乃至全球最火的词汇了，截至 2019 年 9 月，中国移动、中国联通、中国电信三大运营商已经开通 5G 基站 8.6 万个，2019 年年底，全国开通 5G 基站超过 13 万个，北京、上海、广州、杭州等城市，城区已实现连片覆盖。

如果说前四代的移动通信技术主要解决人与人之间的通信问题，那么 5G 将更好地解决人、机、物之间的通信。5G 的三个重大应用场景分别是增强移动宽带、超高可靠超低时延通信以及大规模物联网。5G 网络有着更快的速率、更低的功耗、更短的延迟、更强的稳定性以及更多的用户支持。这让大家对 5G 的关注持续升温，各领域从业者都在尽可能地在自己所属的领域尝试勾勒 5G 时代技术、产品、商业模式的新蓝图。2019 年 10 月 31 日，中国国际信息通信展开幕，11 月 1 日上午，工业和信息化部部长在展会现场与全国第一个实现 5G 覆盖的行政村广东省连樟村进行视频连线，体验了 AR/VR 互动游戏、超高清影视等 5G 应用，驻足观看 5G 技术支持下的智慧冬奥、远程教育、智慧医疗以及降低网络建设成本等解决方案，不时针对 5G、车联网、智能制造等领域与在场工作人员进行探讨。展会现场有一个应用场景令人印象深刻——下一代视频直播系统，在这个基于5G的视频直播系统中可以看到在不久的将来，不管是篮球赛、足球赛还是演唱会、晚会的直播将不再是一个镜头转播，购票进入现场的人都可以从自己的角度加入直播和转播的行列，个人直播间的粉丝可以从自己关注的直播间看视频，而不再是看固定内容。

用一场篮球赛举例来说，未来再看NBA，那些购买了门票的用户可以用自己的5G手机在现场直播赛事，张三可以选择自己关注的球星现场直播，李四也可以选择自己关注的球星直播，网友可以选择进不同的直播间看不同的直播，而不像现在这样没有选择地只能看获得转播权的机构直播的视频。而更好玩的是不管是张三还是李四，只要在现场直播的用户，都可以采用付费观看的模式或者打赏模式进行收费，并且根据事前与主办方协商好的方式进行直播费用分成，如此真正地实现5G改变生活。5G除了速度快，还有低时延、低功耗、万物互联、重构安全等特点。通过5G网络，全球首例远程手术得以成功实现，之所以医生可以在异地操纵机器做手术，正是因为5G可以做到实时高清回传，低延时，可靠性强。

5G到底什么地方好？简单来说，5G更快、更安全、信号更强、覆盖面积更广、应用领域更广泛，5G时代手机看视频很长时间也不会发热，电池使用时间更长，手机摄像头除了高清还可以具备增强现实功能。从专业角度来讲，国际电联将5G应用场景划分为移动互联网和物联网两大类。凭借低时延、高可靠性、低功耗的特点，5G的应用领域非常广泛，能提供超高清视频、浸入式游戏等，使交互方式再升级；可以支持海量的机器通信，服务智慧城市、智慧家居；可以在车联网、移动医疗、工业互联网等细分领域大显身手。在5G时代，VR、AR设备眩晕问题会减弱乃至消失,所有的设备都可以不再受限于电池、发热等问题,可以随时随地联网;5G 网络将催生更多物与物、机器与机器之间的通信。与 4G 相比,5G 时代又被称为大连接时代,5G 的三大特点将推动各个领域多样化新应用的出现,比如 4K/8K 的高清视频、AR/VR 的颠覆性应用以及基于 5G 的自动驾驶技术等。都说 5G 会让网速变快,可大家似乎都不明白为什么会变快?这就要从通信技术说起了,1G、2G、3G、4G、5G 都是通信技术,通信技术分为有线通信和无线通信,有线通信是通过看得见、摸得着如一扎扎铜线组成的线缆进行信号传输的,而无线通信是看不见的。相比较之下,有线通信的传播速率可以达到很高,以光纤为例,目前实验室中单条光纤最大速度达到 26Tbps,而无线通信理论速率只有 150Mbps,所以有线通信的传输能力比无线通信更强,但有线通信受到铺设线路的影响,对基础设施要求比较高,而无线通信网络只要有移动基站就可以完成通信,只是信号会有波动。随着无线通信技术的不断更新,出现了 1G、2G、3G、4G、5G,5G 是第五代移动通信技术(5th Generation Mobile Communication Technology)的缩写,这里的 G 是英文 Generation 的缩写,是"代"的意思。在 20 世纪 80 年代,我国开始进入 1G 时代,那时候出现了价格昂贵的"大哥大";后来从 2G 到 3G,移动终端逐渐变小,网速逐渐变快;到 4G 的诞生后,很多行业 App 出现爆发性增长。

5G 的到来,很可能也会开创一些全新领域。5G 的出现,就是通过增加电波频率来突破无线通信的技术瓶颈,就像信息资源都装在车厢里,电波频率越高,车厢越多,那么在相同时间内装载运输的信息就越多!现在 5G 的频率按照国际上的标准,最有可能商用的是 28GHz,再经过一系列计算,得出 5G 的波长是 10.7 毫米,注意,这是毫米波!如果把电波按频率划分成不同等级的"公路",那毫米波已经是极高频级别,相当于"高速公路",通信数据可以在这条"公路"上高速驰骋。要想达到 5G 的高频率,就必须建造比 4G 更多的基站。而 5G 时代不仅是频率上的突破,在基站设计上也有重大突破。在过去,基站像一座高塔,而现在,小功率的微基站已经开始覆盖大街小巷,极大减轻了基站建设成本,同时能提供更高的频率。

既然提到 5G 是第五代移动通信网络,那么就不得不说说前 4 代的移动通信网络了。它们都是什么呢?有什么优缺点呢?

固定电话就是人们一直在用的座机,需要有线的网络通信,不管是当年的拨号上网还是现在的光纤通信,都是固话,是现代重要的通信手段之一,通过声音的振动利用话机内的话筒调制电话线路上的电流电压,将声音转换为电压信号通过电话线传送到另外一端电话,再利用送话器将电压信号转换为声音信号。

1G 语音时代

说完了固定电话就要说第一代移动通信网络了,当年的"大哥大"就是典型代表,第一代移动通信网络采用的是模拟信号传输,通信时面临安全性差、容量有限、制式太多、互不兼容、保密性差、通话质量不高、不能提供数据业务和易受干扰等问题,由于受到传输带宽的限制,加上各个国家的通信标准不一致,导致不能进行移动通信的长途漫游,只能是一种区域性的移动通信系统,不能实现全球通信。第一代移动通信网络费用较高,中国电信 1987 年 11 月开始运营模拟移动电话业务,到 2001 年 12 月底中国移动关闭模拟移动通信网,1G 在中国的应用长达 14 年,用户数最高曾达到了 660 万。

2G 文本时代

时间来到了 20 世纪 90 年代，以数字技术为主体的第二代移动通信网络得到了极大的发展，2G 网络主要用于单一语音通话及简单文字发送功能，网络覆盖面广泛，更大的网络容量改善了话音质量和保密性，并为用户提供无缝的国际漫游，具有保密性强、频谱利用率高、业务丰富、标准化程度高等优势，但也存在传输速率慢、能耗较高、维护压力大的短板。

在中国，以 GSM 为主、CDMA 为辅的第二代移动通信网络只用了 10 年的时间，就发展了近 2.8 亿用户，超过固定电话用户数，从 2G 时代开始，中国拥有了世界上最大的移动经营网络。手机当年流量费用昂贵，聊半个小时就耗费 60 元的话费，相信大多数人的移动通信是从 2G 网络开始的，因为这个时代的设备从第一代的万元降到了千元，甚至充话费送手机。

虽然 2G 网络普遍应用，但是已经跟不上快速发展的网络和人们对便捷生活的要求了，手机内存有限，死机时时发生；互联网上的信息不能快速在手机上实现阅读，移动办公就更不用说了，基本不可能。在 1G 时代我国基本处于应用的状态，在 2G 时代人们已经可以使用国产的通信设备了，以"巨大中华"（巨龙通信、大唐电信、中兴通讯、华为技术）为代表的国产厂商开始登上历史舞台，中国通信市场由进口高价设备垄断的局面，从此破局。

3G 图片时代

伴随着千禧年的到来，我国迎来了属于自己的移动通信时代，信息产业部领导的中国无线通信标准研究组积极参与了 ITU 和 3GPP、3GPP2 这两个主要进行第三代标准化的移动通信伙伴计划。伴随着 3G

时代的来临，人们真正迎来了移动通信网络、广电网络和互联网的三网融合。3G 时代能够处理图像、音乐、视频等多种形式，提供网页浏览、电话会议、电子商务信息服务。无线网络必须能支持不同的数据传输速度，在室内、室外和行车的环境中至少能够分别支持 2Mbps、384kbps 以及 144kbps 的传输速度，说得简单点，3G 就是手机的宽带业务。

除了打电话、发短信，手机可以上网、发送邮件、玩游戏、听歌曲、看视频，真正迎来了移动互联网时代；尤其是伴随着触摸屏的普及，人们的移动互联网生活正式开始了。本书作者之一在这个时间内带团队开发了《中国好声音》官方报名 App，选手可以通过在手机上唱歌获得投票支持，用户可以通过 App 为选手直接投票，不需要像以前一样投票的时候先要记住选手号码，然后编辑短信，还要记住短信通道号码，再发送短信这么烦琐的操作了。这个时期，以"中华酷联"（中兴、华为、酷派和联想）为代表的国产手机在国内占据半壁江山，在国外也开始了抢占市场。

虽然 3G 时代人们亲历了 App 应用的大爆炸和数据业务的快速增长，但受限于国内组网比较晚，人们还时不时地会问店家 Wi-Fi 密码是什么；加上国内第一代具备自主知识产权的 TD-SCDMA 起步较晚且产业链薄弱，发展过程并不顺利，现在面临着退网的风险。

4G 视频时代

人们现在使用的基本上是 4G 网络，4G 是集 3G 与 WLAN 于一体并能够传输高质量视频图像的技术。4G 移动通信技术可以在多个不同的网路系统、平台与无线通信界面之间找到最快速与最有效率的通信路径，以进行即时的传输、接收与定位等动作。我国在 2001 年开始研发 4G 技术，在 2011 年正式投入使用，在 4G 时代，人们就不会再去问店家 Wi-Fi 密码了，因为网络基本上不会延迟，手机不会卡顿，流量不再是以 M（流量计算单位）计算了。伴随着我国 4G 基站的大规模建设，网络覆盖率大大提高，加上视频 App 和手机处理器等软硬件的提升，人们迎来了共享经济时代。

6G 比特与原子孪生时代

以上简单地介绍了从 1G 到 5G 给人们生活、生产带来的变化，那么 6G 会给我们带来哪些变化呢？6G 什么时候会来？从行业发展的角度来看，我们觉得 6G 会加速人们的创新速度，伴随着 6G 的出现，人们将迎来一个新世界，那些在科幻电影中出现的场景将会来临。有人说人们将进入虚拟与现实相结合的"比特与原子孪生"世界，整个世界将基于物理世界生成一个数字化的孪生虚拟世界，物理世界的人和人、人和物、物和物之间可通过数字化世界来传递信息与智能。说到"比特与原子孪生"就不得不说一下数据孪生了，在 6G 时代人们可以把实体商品的全部信息构建成数字化虚拟模型，供交易参与方查看。数据孪生所产生的数据无疑十分重要，因为这些数据是高保真的，实现了真实、可信和透明。

伴随着 LED、石墨烯电池等材料科学技术的进步，人们将生活在一个"没有屏幕但到处都是屏幕"的时代，人类将更进一步地解放自我，提升生命和生活的质量，提升整个社会生产和治理的效率，真正地万物有"灵"。相信 6G 时代很快会到来，因为科学技术在以超摩尔定律的速度发展，国内 IMT-2020 新技术工作组已开始开展 6G 的总体研究，由国家发改委、工信部、科技部和国家自然科学基金委员会共同支持举办的未来移动通信论坛（Future 论坛）已发布《ApeekBeyond5G》等 3 本 6G 相关白皮书。2019 年 11 月 3 日，6G 技术研发工作启动会召开，国家 6G 技术研发推进工作组和总体专家组正式成立。

第五章

MABCD 大融合

让数字经济
生态物种更丰富

第一节

数字经济在中国

不确定时代的最大危险不是动荡本身,而是仍然用过去的逻辑做事。

——博胜之道

2016年10月9日,习近平总书记在主持中共中央政治局第三十六次集体学习时指出,建设全国一体化的国家大数据中心;2017年12月8日,习近平总书记在主持中共中央政治局第二次集体学习时强调,大数据发展日新月异,我们应该审时度势、精心谋划、超前布局、力争主动;推动实施国家大数据战略,加快完善数字基础设施,推进数据资源整合和开放共享,保障数据安全,加快建设数字中国。习近平指出,要坚持以人民为中心的发展思想;要运用大数据促进保障和改善民生;推进"互联网+教育""互联网+医疗""互联网+文化"等,让百姓少跑腿、数据多跑路;强化民生服务,弥补民生短板,推进教育、就业、社保、医药卫生、住房、交通等领域大数据普及应用,深度开发各类便民应用。

伴随着区块链技术的成熟,人们即将迎来数据确权、定价、交易的数字经济时代;在数字经济时代,不仅仅是数据应用,数据的交易也将成为现实,2019年10月24日,中共中央总书记习近平在主持中共中央政治局第十八次集体学习时强调,"区块链技术的集成应用在新的技术革新和产业变革中起着重要作用。我们要把区块链作为核心技术自主创新的重要突破口，明确主攻方向，加大投入力度，着力攻克一批关键核心技术，加快推动区块链技术和产业创新发展"。由党中央、国务院正式批准的中国国际数字经济博览会每年在河北省石家庄举办一届。这是全国唯一以数字经济冠名的国家级展会。在 2019 年 10 月 11 日举办的第一届中国国际数字经济博览会开幕式上，国家主席习近平致贺信。习近平在贺信中指出，当今世界，科技革命和产业变革日新月异，数字经济蓬勃发展，深刻改变着人类生产生活方式，对各国经济社会发展、全球治理体系、人类文明进程影响深远。习近平强调，中国高度重视发展数字经济，在创新、协调、绿色、开放、共享的新发展理念指引下，中国正积极推进数字产业化、产业数字化，引导数字经济和实体经济深度融合，推动经济高质量发展。会议发布了中国在数字经济发展领域的成就，2012 至 2018 年，我国数字经济规模从 11.2 万亿元增长到 31.3 万亿元，总量居世界第二，增长 20.9%，占 GDP 比重为 34.8%。数字经济蓬勃发展，推动传统产业改造提升，为经济发展增添新动能。2018 年数字经济发展对 GDP 增长的贡献率达到 67.9%，贡献率同比提升 12.9 个百分点，超越部分发达国家水平，成为带动我国国民经济发展的核心关键力量。

5G、区块链、人工智能、大数据、云计算等新技术以超摩尔定律的速度快速发展，移动支付、共享经济、长短视频、媒体融合、金融创新等基于新技术的新应用无时无刻不在改变着人们的生活。从唐·塔斯考特于 1995 年在其著作《数字经济》中首次提出"数字经济"概念到 2016 年的 G20 杭州峰会通过《G20 数字经济发展与合作倡议》，数字经济已经成为创新增长蓝图中的一项重要议题，成为应对全球经济增速低缓、复苏乏力等挑战的新经济增长点。

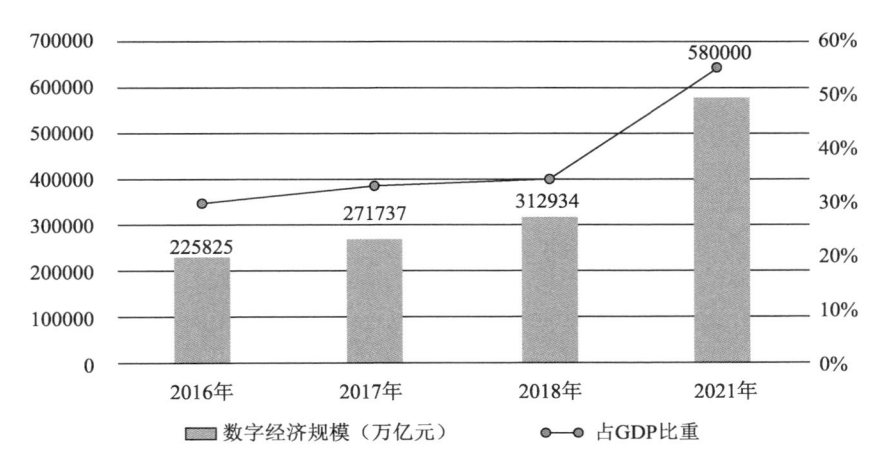

年份	数字经济规模（万亿元）
2016年	225825
2017年	271737
2018年	312934
2021年	580000

2016—2021年我国数字经济在GDP中的比重

数据来源：中国信息通信研究院

数字经济与大数据、云计算、人工智能、区块链等是什么关系？这个问题我们在跟政府领导，尤其是基层政府领导交流的时候不断被问到。作为从2002年开始接触互联网、在2013年开始接触区块链的数字经济领域的创业者，我们对以互联网、A（人工智能 Artificial Intelligence）、B（区块链 Block Chain）、C（云计算 Cloud Computing）、D（大数据 Big Data）、M（元宇宙 Metaverse）等为代表的数字经济对社会、生活、工作带来的变革有着非常深刻的体会。

比特世界的信息传递看不见、摸不着，所有的商业行为都是抽象的，并且发展迅速，从互联网到移动互联网，从人工智能到大数据，从物联网到O2O，从云计算到区块链，基本上每年都有新的变化。以编程语言来说，从当年的VB、C语言，进化到了现在的Python、Java、Swift等，更别说应用和场景带来的技术和商业应用创新，B2C、C2C、C2F、O2O，一个个数字经济时代的新名词层出不穷，这些新商业场景的背后就是人工智能、区块链、云计算、大数据、元宇宙和第五代移动通信技术。

这些场景的出现就是以移动互联网为代表的先进生产工具和生产力的出现。定义一个经济模型，只有生产力和生产工具是不够的，有区块链技术的出现，数字经济时代才广为人知。在数字经济时代，生产力变成了以算法为代表的人工智能技术，以数据存储、加工为代表的云计算、迭代进步的历代移动网络和以边缘计算为代表的各种物联网设备。人们每天阅读新闻的习惯，看了哪些视频、图片，是连续看还是跳跃看等行为背后所呈现的大数据成了数字经济时代的生产资料；以区块链为代表的技术在帮助数据确权、定价、分配、交易的同时改变了生产关系。

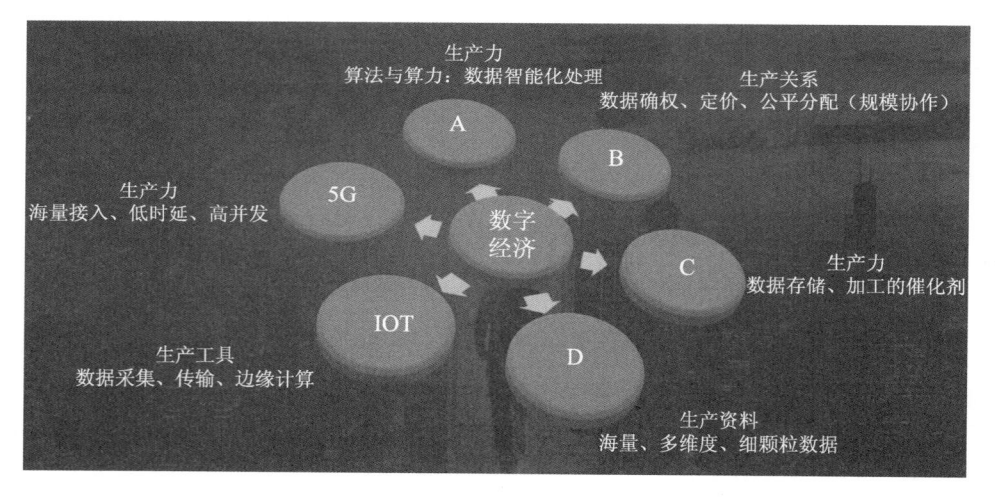

数字经济与 MABCD5G 关系图

第二节

区块链 + 数字货币：
让我们的生活更便捷，工作更高效

鸡叫了天会亮，鸡不叫天也会亮，关键是天亮了，你醒了吗？

——博胜之道

2020年8月，一条关于区块链与数字货币的新闻被争相转发："乐智科技联合河北省巨鹿县开发的'链上城市'App包含气代煤和电代煤、扶贫资金、教育、农资家具购买等各种补贴的发放，基于这些去中心化应用场景开发了区块链多方签名系统，最近也申请了央行数字货币的补贴发放，当地居民在不久的将来就会收到DE/CP形式的补贴资金。"从2020年开始，区块链、数字货币这两个专业词汇从专业人士的工作交流用语变成了大家街谈巷议的话题，这不仅仅意味着以区块链、数字货币为代表的新基建开始改变人们的工作方式，更意味着人们的日常生活也会受到数字货币和区块链的影响，当然，区块链和数字货币能快速地走进大众视野，离不开党中央、国务院的重视。

乐智科技的区块链之路是从2013年开始的，当时我们在做金融科技业务系统的开发和运营，为网贷公司提供技术支持和运营服务。在研究互联网赋能金融的过程中，我们发现互联网让金融实现了在线化、份额化，互联网、大数据和人工智能优化了传统金融的风控技术，但没有实现金融资产的风险定价、确权和信用评级的可信等问题。当时互联网思维盛行，其中最重要的一条思维就是"降维打击"，要从更高维度——经济角度来解决金融科技的问题，幸运的是当时我们在清华大学五道口金融学院每个月都会组织金融科技相关的专题讲座，在一次讲座的过程中我们邀请到了行业领先的创业者李林进行了专题讲座，会议之后我们深刻地感受到中本聪团队的复合型能力，他们是有经济学、数学基础的懂编程的分散式协作团队，区块链在更高维度上解决了互联网没有解决的金融、信用、社会问题，以及开创性地创新了一种社会协作机制，在股份制公司基础上提供了另外一种社群化协作模式。

在认识到区块链和金融科技的技术特点和协作方式之后，我们又邀请了多位行业知名人士和学者，连续组织过二十多次论坛进行专题研讨，并且在 2018 年作为常驻嘉宾和科技顾问参与北京电视台播出的共 52 期的《解码区块链》电视栏目录制工作中，边研讨边开展相应的技术研发和应用实践，和合作伙伴开发了基于区块链和数字货币的供应链金融应用、区块链物流管理应用、便民城市应用、网格化社会现代治理工具应用、钢铁行业应用、区块链发票、无证明城市应用等多种应用。

1. 在政务服务领域

2013 年 11 月，中共十八届三中全会提出"国家治理体系和治理能力现代化"的重大命题。党的十九届五中全会对推进国家治理体系和治理能力现代化做出一系列新部署，为国家治理得到新提升指明方向、路径和目标。全面深化改革持续推进，党和国家的各项基本制度不断完善，国家治理体系日臻完善。无论是《民法典》等重要法典法律的通过，还是党内法规和制度体系的建立健全，抑或是各个重大政策领域关键制度的建立和完善，都反映了国家治理体系的"四梁八柱"日益健全，并推动中国特色社会主义制度优势转化为治理效能。

高效能治理离不开数字化、智能化的管理工具。2021年3月11日，第十三届全国人民代表大会第四次会议表决通过了《中华人民共和国国民经济和社会发展第十四个五年规划和2035年远景目标纲要》的决议。区块链首次被纳入国家五年规划当中，区块链技术与云计算、大数据、人工智能等新兴信息技术充分融合，以解决政务服务平台建设中面临的数据可信流动、共享、使用等问题。

乐智科技的区块链之路是从2013年开始的，不但主持了多场金融科技的论坛和峰会，更是和国内外行业大咖就区块链和金融科技及相关技术如何赋能传统产业发展不断进行研究并把成果进行了转化，当时研究场景包括票据金融、通证经济、基于区块链的积分管理、基于加密技术的多方会签和信息共享、相互保险和包括扶贫在内的各种补贴资金发放等方向的实践。

鉴于乐智科技在以上方向的探索，2018年公司创始人薄胜受邀参与《解码区块链》节目的录制，录制期间与清华大学、北京大学等高校知名教授，银保监会等监管机构官员，三大运营商，BAT区块链负责人，商业银行，保险公司高管等就区块链赋能行业应用进行了深入探讨，探讨成果由乐智科技联合相关企业进行落地实践。2017到2019年，乐智科技为包括雄安新区、国家发改委高新技术司、北京亦庄、河北科学技术厅、河北省科学技术协会、海南三亚等多地政府和领导进行了专题分享和研讨，2019年开发了一套基于区块链的便民政务应用平台——链上城市，用户可以在链上城市手机客户端进行党费、水费、电费、燃气费等线上缴费并将缴费信息上链，还实现了基于区块链多方签名技术、存证技术和智能合约自动执行的补贴资金的发放，真正实现了"数据多跑腿，百姓少跑路"；并且在 2020 年申请了通过央行数字货币进行包括气代煤和电代煤、扶贫资金、教育、农资农具补贴等补贴资金发放。

基于区块链的网格化管理平台将原有的食品药品安全协管员、村级动物防疫员、民政协管员、燃气安全协管员、人民调解员、综治网格员、"双代"网格员等各类网格员进行统筹整合，实现"多格合一"，并为网格员定制开发了专门的区块链应用，结合区块链的存证技术确保网格员每一次上传的时间、地点、事件描述和图片准确有效，并引入区块链的积分激励机制。在执法端，提供了基于区块链存证、查看、处理、退回等进度积分管理体系，充分利用区块链防篡改和可追溯特性，从而保证整个系统在运行过程中准确有效，大大提升整个社会治理体系的公信力和运行效率。

（1）传统政务系统模式。

我国政府在国家治理的长期实践中，以专业职能为主导，自上而下形成了相当完备的"委办局"政务系统模式，例如市（或县、区）政府委办局、委员会（计生委、建委等）、局（财政局、人社局、卫生局、教育局、民政局等）、办公室（政府办、人防办、法制办、老龄办等），作为最基础的政府办事机构，委办局体系在社会治理体系中起到承上启下的作用，承接上一级委办局指导监督，对本地政府领导负责，向下对百姓履行服务职能。然而，按照我国政府规定，委办局基本建制只到区县一级，乡镇中很少设置具有行政职能的委办局。因此，社会治理在乡镇村一级很难得到有效的行政支撑，存在一定程度的治理真空或障碍。传统的政务系统需要层层向上汇报，例如与居民生活密切相关的水、电、燃气供求现状和需求由社区及村委会向上级委办局报告，由于社区及村委设置专职人员不现实,在响应和处置上难免打折扣,影响社会治理效果。

（2）网格化管理平台新模式。

2019年乐智科技受邀参与了武汉大学国家治理与经济体系现代化研究中心的范如国教授团队和王学军团队主办的治理体系与治理能力现代化专题论坛。公司创始人薄胜就区块链在基层治理方向的实践和思考进行了专题分享，并且和教授专家展开了热烈讨论，与河北省邢台市巨鹿县县委书记、人大常委会主任等领导就社会管理经验进行了深入交流，现场大家就区块链赋能基层治理达成了合作意向，乐智科技与武汉大学国家治理与经济体系现代化研究中心联合申报的国家自然科学基金课题主要方向就是基于区块链的网格化管理，项目落地单位就是河北省邢台市巨鹿县。巨鹿县与乐智科技合作，以百度超级链为技术架构，建立数字乡村管理平台"链上城市"并发布手机端App，由政府选拔符合条件的网格员并进行培训，在当地按50~60户为一个网格的标准，将全县划分为2800个基础网格，每个网格配备一名综合网格员，每十个网格配备一名网格长。网格员在本网格内开展基础信息采集、日常巡查走访、事件上报、政策宣传等工作，网格长主要负责统筹协调网格内的所有网格化社会治理工作事务，督促网格员履行职责。网格员把管理区内的人口、经济、疫情、扶贫、企业等信息收集录入到大数据平台，建立数据库，数字化赋能，实现了管理的精细化。

网格员根据职责定期走访，并结合县委县政府疫情、信访、环保等任务进行排查，及时发现以往部门难以发现却又与群众生活息息相关的问题，并通过"链上城市"App平台上报，由"专业专职"的"链上城市"实现"即现、即报、即处理"，延伸了县一级委办局面向乡村治理工作的"触角"。此外，网格化管理平台引入公开透明的区块链积分激励机制，以使整个链交易顺利进行。按照事先设定的规则给予网格员和有关部门一定的积分奖励，极大鼓舞了网格员和政府工作人员的工作热情，提高了工作效率。

为了方便群众，数字乡村将水、电、天然气等各项民生缴费服务也囊括其中，群众不再需要为了缴费各地跑，指尖轻轻一点即可完成，即便是对电子产品不熟悉的老年人，子女也可通过平台协助远程操控。

针对群众反映问题不方便的情况，"链上城市"平台设置"巨好办"的线上办事服务窗口，群众在线上一键即可反映，村干部一键即可接收，办结后第一时间进行反馈，群众还可通过"链上城市"实时查看办理进度、评价办理结果，真正做到让"数据跑"代替"群众跑、干部跑"。

"链上城市"App 民生缴费

依据当地的规划，巨鹿县数字乡村平台在强化社会管理的同时，还将特色农产品溯源、线上产品推广、重点项目监管、数字政务、健康医疗、便民出行等多个项目纳入其中，计划在产业、农业、社会治理等方面持续发力,推进巨鹿数字化建设横向扩面、纵向延伸,从而引领当地发展和乡村振兴。

而来自当地统计显示,自平台运行以来,"链上城市"收到问题29万多件,平均办结时间为3~5天,办结率达95.6%以上。在巨鹿,"部门围绕乡镇转、乡镇围绕社区村转、社区村围绕群众转"的工作格局正在形成。

(3)政务平台上链和传统政务系统相比的优势。

"链上城市"平台的应用实践表明,政务平台上链可有效解决传统政务系统无法解决的问题,优势比较明显。

政务平台上链与传统政务系统对比

类　　别	传统政务系统	政务平台上链后
责任界定	难以界定。以处理垃圾问题为例,如果街上某个角落出现垃圾,通知环卫部门后第二天在同样的地点又出现了垃圾,而环卫部门称已派清洁人员清扫过。此时传统政务系统就存在责任难以界定的问题	区块链可以全程留痕,只要环卫部门打开了信息通知,完成了垃圾清理,并实时上传垃圾清理数据,全过程都会在链上有所记录;反之,若没有及时回应,则追究环卫部门责任
处置效率	流程长,效率慢。传统政府治理模式是社区或乡镇收集老百姓需求,如水电煤的使用需求,社区或乡镇人工整理后逐级上报,整个链条非常长,也涉及了很多负责人签字,效率慢	人人都可通过手机终端对社区治理进行监督和上报问题,通过人工智能识别来源可靠性后,自动分配给相关负责的部门或单位。相关部门和单位需在区块链上第一时间查看数据并处理问题;如果没有在规定的时间范围内查看和处理,这一"过失"将会被自动记录和存证,并在区块链的积分激励体系上自动减去信誉分,对该部门的绩效考核产生不利影响

续表

类　　别	传统政务系统	政务平台上链后
数据的可共享性和可篡改性	数据易篡改，不宜共享。政府各部门拥有独立的数据库，"数据鸿沟""数据孤岛"的大量存在，导致政务数据资源无法有效整合共享，制约了政务数据资源开发利用。数据也存在被恶意篡改的可能，真实性难以保障	各部门采用统一的标准采集并在同一个链保存，可以从底层根本性地解决"数据孤岛"问题；同时，由于区块链具有不可篡改性，一旦信息经过验证并添加至区块链，就会永久存储起来，生成按照时间先后顺序标记且难以篡改的数据记录，既能保证数据的可追溯性，又能极大减少不同时间节点数据造假的情况
信息传递的安全性	部门间信息共享的主动性不强。传统的政务系统或出于信息安全考虑缺乏对政府部门间信息共享的共识，或信息系统之间不兼容，部门之间各自为政，存在部门壁垒、条块分割，导致政府各部门间数据共享交换的主动性不强	区块链非对称加密技术保证了数据在部门传输过程中的安全性和准确性，并实现合规性自动检查，为建立"三权分置"的跨部门数据共享模式提供了条件，数据共享不再是仅靠感情和关系、没有信任基础、不强调权责的传统模式
平台维护成本	维护成本高。传统的政务系统要求由专业人员进行维护，也需要有确定的部门对其负责，这个过程消耗人力、物力和财力，容易造成资源浪费	"链上城市"引入区块链维护积分激励系统，每个部门在自己最擅长的领域或环节参与维护。全过程公开透明可追溯，所有的决策或行动都是去中心化的，不需要一个平台或是机构来专门负责监督。制度、方案、计划等一经制定不得修改，全网通用，激励时间较长，影响较为深远

（4）上链过程中遇到的问题。

国内电子政务正处于从传统部门型向现代平台型的转变之中，这不是一个简单的系统转变问题，而是自我否定、自我反思、自我升级的过程。

任何新事物的发展都不是直线前进而是螺旋上升的，这期间需要经历自身和外部的否定才能推陈出新。但这个过程很难，政务系统上链过程中遇到的突出问题就是人的问题。

百姓对新政务系统的接受认可程度参差不齐。相比于传统政务模式，新型平台化政务系统掌握大量民生数据，百姓通过终端即可表达诉求。有的老年人不会使用互联网，有部分百姓认为线下表达更为直接，百姓对"链上城市"App的不同认识会直接影响到"链上城市"的普及推广过程。

人们对传统信息化的理解与对区块链、大数据为代表的智能化系统的理解亟须提高。区块链是一项可以从多方面、多维度提升城市发展竞争力的新技术，城市"上链"可以带来包括人才培养、政府间交流合作、促进数字经济产业繁荣、提升城市竞争力等方面的好处，当前，浙江杭州、雄安新区、贵州贵阳、重庆渝中等城市都在大力发展自己的区块链产业。

（5）应用前景。

随着数字化转型和国家治理能力、治理体系的现代化，对政务系统上链已是时代所需。社区服务、教育、医疗、交通、养老这些便民服务是非常广泛的应用领域。区块链作为一种新应用模式，具有分布式数据存储、点对点传输、共识机制、加密算法等技术优势。随着区块链产业的不断发展，"链上城市"还会加入更多的便民服务和政务服务，"区块链＋民生"具有更广阔的发展前景。

地方政府不同的政务特点是政务系统上链过程中不可忽视的考虑因素，区块链应用到不同地方的政务系统中都需要根据当地政务特点进行改造，地方的特殊性使政务系统上链需要分别"定制"。

2．在金融领域

区块链从更高维度对金融进行了创新，解决了金融在线化的问题，让用户不用再像之前那样辛苦地线下排队，实现了 24 小时随时交易；解决了金融份额化的问题，降低了金融产品的参与门槛；实现了债权转让，避免了骗贷等风险，结合大数据和人工智能的风控让数据更可信，让造假者终身受到惩罚。不管是"福费廷（Forfaiting，未偿债务买卖）"还是供应链金融，区块链都让金融变得更高效。

作为创新型基础设施的区块链技术、数字货币与金融的结合应用不仅给广大消费者带来了更好的用户体验，还在更高维度上解决了安全和公平分配的问题。作为典型的金融应用场景，基于区块链的供应链金融、票据金融等已经应用得非常广泛，但在政府债券领域还没有成熟应用。在可预见的时间内，区块链、数字货币与债券的结合将会进入大众视野，因为与区块链的结合不仅有助于提升债券的发行效率，还能提高相关产品的流动性。

2020 年 3 月 31 日，国务院常务会议提前下达一批地方政府专项债额度，积极的财政政策作为逆周期调控的重要抓手之一，助力地方债发行节奏与规模的进一步攀升，不只是时间上发行更早，规模上也有望更大。虽然现行的发债机制可以解决地方政府在专项建设投资领域的问题，但还存在着流动性不够好、份额化差、用户难购买等问题，而区块链上的资产通证化可以很好地解决专项债领域现存的问题，还可以天然地保证确权和转让问题，尤其是涉及实物资产领域。

世界经济论坛预测，在未来十年里，世界 10% 的 GDP 将存储在加密资产中，总额达 10 万亿美元。这主要是由于部分所有权（部分所有权，弗里德里希·奥古斯特·冯·哈耶克在《货币的非国家化》一书中提到的可以通过评估、确权等操作之后的资产进行份额化，让用户拥有某个资产中一部分的权益。例如一套房子价值1000万元，进行通证化，共发行1000万个通证，一个人如果购入10万个该通证，那么就相当于拥有该套房子1%的所有权，也就是部分所有权）的增加和流动性溢价的释放。一旦有了区块链的助力，债券等资产可以实现通证化，从而释放流动性，解决了确权问题和债券领域的透明度，相信会有更多人参与到债券交易等过程。区块链天然的可追溯性减少了随意加杠杆带来的风险。

区块链天生的智能合约的可编程性让债券等通证化之后的产品可以实现到期自动划拨支付，使投资者更容易管理其资产和权利。二级交易可以通过与第三方交易所合作轻松跟踪，允许投资者通过区块链接收分配并行使其他权利（如投票）。区块链智能合约的可编程性可以提升债券等产品的结算速度。在流动性方面，区块链天生的通证经济模型加上技术天生的可以实现极细致的份额化，释放了充分的流动性，资产通证化之后的交易将会很快来到人们的身边。雄安、三亚、海口等多地的数字资产交易研讨会上，政府都在组织基于区块链的数字资产交易。作为金融衍生品的债券等产品的通证化只有技术支撑是不够的，需要合规能力和制度保障，让人们可以有法可依，更要有相应的监管执法手段相匹配，同时让所有参与者都有经过相关合规/KYC/AML检查的数字身份，以保证技术的落地性和资金安全。

在资金管理工作中，使用区块链数字货币技术不仅可以实现资金的穿透式管理，还可以使资金的流转实现永久的痕迹化。"链上城市"的扶贫资金发放就是基于区块链技术，各个部门只有发放与否的权力，没有动用等权力，从机制上杜绝了腐败问题的发生。河北省政府鼓励发展集体经济与合作经济，农民可以利用手中小额资金入股集体公司，对于资金每一步的动向，所有参与者都可以及时得到通知，从而保证了资金安全。

3．在医疗领域

医疗数据共享是解决医疗资源不均衡的重要手段，基于区块链技术，每个患者的数据在区块链中会相应地生成一个私钥，就医时可以通过私钥授权给相应的医生完成就医过程，在完成隐私保护的同时大大降低了医疗成本。在互联网医院申请和监管环节，使用区块链技术可以大大优化现有审批效率，优化过度医疗的问题。使用数字货币进行医保报销可以减少骗保，帮助政府节约医保支出。

4．在教育领域

采用区块链的分布式思维，通过课件、视频等教学内容的区块链共享，保证版权的同时实现了知识付费；每个人的学习过程上链，保证了学历的真实，降低了招聘过程中的信任成本。后面的章节中我们会详细介绍结合互联网思维和区块链技术正在筹建的乐智众创大学。

5．在产业应用领域

钢铁物流行业在快速发展的同时，存在着部分资源闲置和需求得不到满足等难以解决的矛盾，其具体表现为钢铁生产消费区域分布不均衡、布局不合理、各环节协作不够紧密和不够顺畅，导致我国钢铁物流行业流通环节多、物流成本较高、资源利用率低、相关企业效益差等问题，严重影响了我国钢铁物流行业的健康发展。究其原因，主要是由于钢铁物流节点企业之间存在着"信息孤岛""供需双方信息不匹配"等问题。因此，"如何借助于人工智能、大数据、云计算以及区块链等信息技术解决钢铁物流节点间的'信息孤岛'问题，使得信息能够互联互通，提升钢铁产业链资源共享程度"，已成为当前理论研究和实践应用共同面临的一个亟待解决的热点问题。研究和开发钢铁物流智能系统将以钢铁物流节点企业信息资源整合为基础，旨在消除"信息孤岛"，实现信息互联互通，促进钢铁物流行业健康发展。

钢铁物流节点企业都应积极整合企业内外部资源，发挥自身优势，与钢铁供应链上下游企业形成合作伙伴关系，并集中优势资源参与钢铁供应链的构建与优化。钢铁物流资源包括节点企业基础设施资源、组织资源和信息资源。在资源整合过程中要从物流服务集成角度不断提升钢铁供应链的敏捷性，而提升敏捷性的前提则是要打破"信息孤岛"，从产业链供需视角整合产业链上下游物流信息数据，积极借助于机器学习、数据挖掘等大数据分析技术不断优化市场需求相关信息的预测方法，提高预测的精确度。另外，资源整合后还要设计相应的资源共享、收益共享机制，以激励合作伙伴，从而提升钢铁物流的服务水平和运行效率。作为石钢的技术合作伙伴，我们联合石钢开展了基于区块链的钢铁物流区块链系统的开发与应用，让钢铁从铁矿石到特钢成品的每个环节的数据在线化、可信、共享，让金融机构可以高效地了解到供应链的每个环节，让以石钢为核心的供应链上下游企业可以更好地实现资金快速流转，从而实现金融更好地为产业服务。该项目成功入选"2020年度河北省省级科技计划"中的"区块链重大专项"。

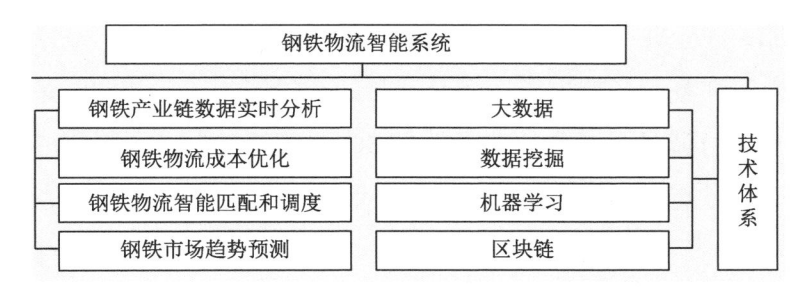

钢铁物流智能系统

第三节

区块链让 5G 不只是通信

人不仅要做好事,更要以正确的方式做好事。

——博胜之道

2019 年,5G 给运营商带来了新的复杂挑战,包括为新的网络技术及其能力开发有效的商业模式。

5G 时代运营商的成功与否,与电信行业垂直市场中的新伙伴关系和服务能力有着必然关系,尤其是与区块链融合之后的生态时代,运营商们要考虑的不只是自己的成功,还要让更多的合作伙伴和服务商获得成功,运营商必须投资并开发技术和机制,以实现这些服务的货币化,并确保价值链中的每个贡献者和外部合作伙伴都能获得其公平的收入份额。

5G 更快的速度、额外的容量、低延迟和强大的分布式计算能力为各种全新的、前所未有的服务提供了潜力。大部分运营商打算在其 5G 计划中更加关注企业生态系统和服务。一些运营商表示,目前系统并不能支持要求,许多服务超出了运营商自身的交付能力。与此同时,一部分运营商提到协调多个合作伙伴是他们 5G 准备工作中必须面临的重要挑战之一。这就意味着运营商需要在 5G 时代创新出另外一条路,在未来三至五年的时间里需要推出与 5G 结合的区块链思维和技术支撑下的流程和系统,以满足客户在 5G 乃至 6G 时代的业务需求。

在这方面,区块链的通证经济模型将会发挥至关重要的作用,也只有引入通证经济模型，生态化的价值网络才会成立，多方参与协作共赢、共益的运营模式才会奏效。

例如在 5G 服务中的多方计费、对账和支付解决方案的技术中，大家经过协商对参与各方的服务能力和评价机制进行定价。达成共识，通过定义好的奖惩体系和评级机制，由区块链上的智能合约自动执行，根据服务能力和服务评价等标准由系统进行自动评价，通证数量发放与回收自动执行。服务能力强、评价质量好就可以获得更高的通证奖励；评价质量差、服务能力差就回收通证。因为服务不达标导致通证使用完了，可以用现金向通证持有量大的一方购买，在规定的时间内如果没有改善，可以让服务方下线，备选节点服务方上线。

①服务能力　②评价体系　③合作伙伴节点

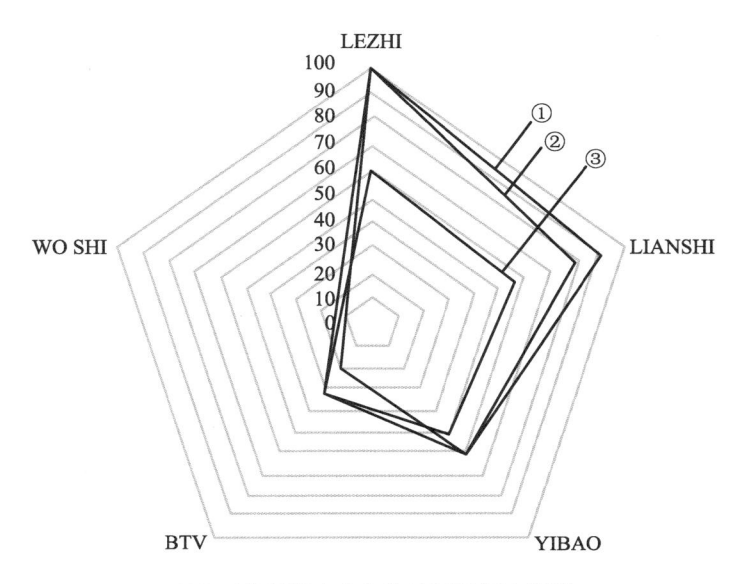

5G 时代运营商合作伙伴通证经济模型

作为一项底层通信技术，5G 不是万能的，在用户隐私信息安全、线上交易信任确立等领域，5G 需要和 A、B、C、D 融合发展、共同解决。行业内的用户都知道区块链是部署在互联网之上的、底层是分布式账本的技术，其规模数据需要实时同步共享（*共识机制本身、数据写入节点时在网络中广播*）。5G 可提高区块链网络本身的可靠性，减少由于网络延迟带来的差错和分叉，基于互联网的数据一致性将会大大改善。5G 的低时延和大带宽技术特点能够为区块链交易提供更加稳定、高速的通信基础能力，而区块链可以为 5G 的上层应用提供一个可信任的价值交换机制。5G 与区块链的融合发展会在信息安全和数据交易方面解决 5G 发展中的数据安全问题。区块链与 5G 的结合将在未来价值网络时代颠覆更多传统领域，北京电视台《解码区块链》栏目为此特别邀请了国内移动、联通、电信三大运营商的区块链与 5G 方向相关负责人、高校专家和业界投资人围绕着 5G 与区块链的相关话题展开了专题讨论，内容如下。

在没有 3G 网络的时候，很多前瞻性互联网应用没办法落地。没有 4G 的出现，人们就不可能迎来视频行业的大爆发；而现在 5G 的出现，工业互联网会迎来大发展，区块链上的应用也会迎来空前繁荣。物联网已经发展了很多年，但全世界范围内都找不到盈利模式，因为没有人记账。但是区块链的智能合约和账本技术可以做成 5G 物联网应用中的计费系统，从而使物联网变成一个可投资的商业模式。万物互联，物与物之间的确权如果没有区块链技术，很难做到万无一失。比如 5G 网络的发展，带来移动终端数量迅猛增长，以后数以几十亿的终端，谁来记账？不能说互联网做不到，但是太难了，未来还是要交给区块链这样更高效的技术，5G 和区块链都是极具潜力的新技术，如果两者能够互相结合、互相促进，则很可能迸发出更多的创新应用。

栏目录制期间没能邀请到国外的运营商参与节目的录制，所以录制的内容都是围绕着国内企业和三大运营商展开的。不过在策划专题的时候，我们了解到 2019 年年初，西班牙电信公司 Telefonica 与区块链企业网录科技在区块链和移动安全领域开展合作，推出了一款基于区块链的跨链移动钱包 Demo。这个钱包结合了网录科技孵化项目万维链的跨链和隐私保护技术，以及第三方公司的身份认证技术与私钥管理技术，有机会为西班牙电信公司旗下的千万台手机设备提供运营商级的身份认证和电子商务保护。

第四节

区块链+5G
让物联网不一样

死磕只是基础，创新才是关键。

——博胜之道

数字经济不仅仅是 5G 与区块链技术的融合发展，5G 与区块链技术的加速商用将进一步推进当下的大数据、人工智能等一系列新兴技术的发展。融合 5G 的高速通信和安全技术，区块链将对大数据、物联网、金融等领域产生颠覆性影响。

万物互联、资产数字化和产业互联网将是"5G+区块链"赋能未来数字经济的重要方向。《2016—2021 年中国物联网产业市场研究报告》显示，预计到 2020 年，中国物联网的整体规模将达 2.2 万亿元，产业规模比互联网大 30 倍。

为贯彻落实科学发展观，切实落实时任国务院总理温家宝对发展物联网技术与产业的指示精神，2009 年 11 月 4 日无锡物联网产业研究院正式批复成立。

无锡物联网产业研究院依托于国家传感网工程技术研究中心，围绕物联网产业国家战略和重大科技计划，促进物联网技术产业化应用，为我国的科技创新和经济转型发展作贡献。

从当年的新闻报道中可以看到，在组织架构上，国家层面对发展物联网产业给予了高度重视；从体制上，国家给予了相当宽松的条件，无锡物联网产业研究院是隶属于无锡地方政府自收自支、独立运作的事业法人机构，研究院实行企业化管理。这在当时引起了非常大的轰动，很多创业者都加入了那次物联网创业浪潮。

物联网产业如今并没有互联网和移动互联网那般成熟，作为行业从业者和投资人，我们经过调研发现物联网发展主要受以下两个方面因素限制。

第一，产业生态不成熟。读过《升级迭代的互联网》这篇文章的读者都知道安迪-比尔定律，即硬件提高的性能很快会被软件消耗掉。拿物联网行业发展做个比喻，那就是任何一个物联网企业的成功都是伴随着一个产业链的成功，物联网产业的成熟需要整个生态的成熟，物联网产业生态没有成熟是制约物联网行业发展的最大因素。

第二，没有成熟的商业模式。物联网行业的发展可以与物流行业发展来做一个对比，因为这两个行业非常相似，不管是干线运输还是同城配送，基础业务都不赚钱，赚钱的是通过物流产生的大数据和因大数据产生的金融和商业地产业务。物联网行业发展到现在，并没有成熟的商业闭环，多数的物联网企业靠出售设备盈利，商业模式单一，采购企业也没有通过数据获得收益，更多的是作为生产和流通环节中的成本存在。

但幸运的是，在《中共中央关于坚持和完善中国特色社会主义制度、推进国家治理体系和治理能力现代化若干重大问题的决定》中提道"健全劳动、资本、土地、知识、技术、管理、数据等生产要素由市场评价贡献、按贡献决定报酬的机制"，首次提到把"数据"作为生产要素，这就意味着物联网行业发展新的商业机会即将出现。

在《从传统经济到数字经济》这一章节中，我们提到物联网是大数据重要的来源，例如记录每天运动量的手环、提醒人们每天定时定点喝水的水杯、记录每次违章记录的摄像头、检测空气质量的传感器、测量温度和湿度的测量仪等,这些设备产生的数据本来是可以创造价值的,因为物联网的一个重要商业模式是依靠数据进行变现,这就对数据提出了更高的要求,要求数据的连续性、多样性和多维性,这就要求物联网设备不仅需要布置到友善的环境中,还需要布置到恶劣的生产环境条件下。例如需要检测环境变化,就需要把物联网设备布置到地下管网中,布置到废水处理厂等环境中去,越是在这种环境下,对联网的稳定性要求越高,但往往这种环境中网络条件差,信号不稳定,中断的情况随时发生。

5G以及马上到来的6G一个非常重要的应用场景是物联网,在物联网领域,"5G+区块链"让物联网技术变得"巧言善辩",让没有生命的物体之间也可以"传情达意"。伴随着区块链与5G商用速度的加快,物联网节点的大规模部署和高速通信、对来源广泛的物联网数据的使用和交换成为现实,借助于5G和IPV6技术让万亿级的节点部署、万物互联、互相提供服务成为可能,区块链的快速发展对数据的确权、安全、定价工具、数据及价值的交换交易模式提供了新的解决方案,让只能作为成本存在的物联网设备和由其产生的数据不再被当作垃圾而过一段时间就被清零了,从而发挥出应用价值。

例如记录每天运动量的手环,在"5G+区块链"的帮助下可以实现每个人每天的数据都会存储到属于自己的云空间。手环设备厂商和保险公司想要获得数据就需要获得授权,当然使用者不会免费授权,所以手环设备厂商和保险公司都要支付市场公允的费用。手环设备厂商可以根据所有授权用户的大数据优化新一代手环设备,保险公司可以根据所有授权用户的大数据制定创新的保险产品,还可以根据每个人的数据定制保险产品。这些问题的解决,为物联网产业的发展扫清了技术障碍,降低了实施门槛。

相较于互联网，物联网具备更高的智能性，在智能制造的各个环节和相关领域，包括实体间的互联互通技术与方法、数据信息建模与流动、创新应用模式和制造资源优化配置研究等方向上，领先的行业投资机构链石资本从三个维度（*生命周期、系统层级和智能功能*）、六个方向（*智能感知、泛在连通、精准控制、数字建模、实时分析和迭代优化*）上展开研究，积累了大量的理论方法和项目储备。

在互联网时代的工业生产中，生产系统往往只是一个局域网或是一个内部网，所有的信息都只在系统内部流通，数据较少，很多数据以"信息孤岛"的方式存在，对包括防黑客攻击的信息安全要求并不高。但当工业生产进入信息化时代，工业互联网单点连接人、数据和机器，纵向连接产业链，横向连接跨系统、跨厂区、跨地区。在这样一个全面互联互通的网络中，海量的数据在流通着，数据安全成为首要保障。此外还有设备安全问题，工业互联网涉及很多设备和系统，规模庞大，中心化的网络中一旦有恶意节点加入，很容易影响到其他设备，导致网络瘫痪，大规模中心化采集、存储数据也易造成数据泄露。

从产业上下游协同角度来看，当前生产端距离市场非常远，而且整个产业链各个节点在数据存储格式以及通信协议等方面不统一，协作沟通效率非常低下。外部市场瞬息变化，工业生产难以及时动态地响应外部市场的需求变化。因此，整个工业领域迫切需要一种高效、安全的信息共享方式，实现产业上下游协同，从而及时掌握市场信息。

在"5G+区块链"技术支撑下，每个硬件都将因芯片和算法的双植入而成为数据的采集点和流通点，即渠道充分碎片化。如果这些硬件的外延变成一件件实物，那就意味着人们身边的所有物品都有可能成为节点。区块链和物联网在联合重新定义渠道，甚至商业的渠道历史就此而被改写。

区块链天生的分布式存储功能为大数据的存储、流通提供安全保障。区块链本质上是一个分布式账本，每个节点上都存放着完整的副本。分散存储抵消了原先中心存储会出现单点故障的风险，同时，区块链将数据加密存储，防止无权用户对数据的访问和篡改，可以有效解决数据安全的问题。通过共识机制及智能合约，区块链可以帮助设备之间建立可信的关系，实现价值交换并防止非法用户的入侵。

区块链的链式数据结构能够实现可信溯源。所有的生产记录一旦上区块链，将很难被篡改。如果出现生产安全事故，包括企业本身、生产上下游、安全监管方，都可以很方便地做到责任认定。同时，基于区块链上可信数据的分析，也能够优化工厂制造的工艺流程，帮助企业发现、分析、解决问题，从而实现制造工厂的智能化管理。

在工业生产中，区块链提供的信任机制可以极大降低生产成本。以智能制造为例，应用区块链可以省去一些由不信任引发的行为，比如供应商的背景调查、产品的质量检测等。以央企工业互联网融通平台为例，这个平台旨在实现物联网和工业云平台资源的互联互通，将十几家央企的工业互联网平台联合起来，建立一个融通机制。若结合区块链的数据安全共享特性和互信机制，将各个互联网平台上的数据、资源进行融通，可在安全互信的前提下有效打通不同行业的信息知识壁垒，构建一个比较健康的产业化集群，实现协同制造或流程优化，从而提高工业生产力。

在日常生活的真实场景中，比如你开着刚买的新车走在回家的路上，导航突然提示前面1000米拥堵，你慢慢开过去发现是两辆车追尾了，是不是想过为什么他们不能快速挪开呢？挪开了不就不拥堵了吗？因为一旦挪开了就没办法取证了；去年的今天别人跟你借钱，打了借条，但过了一段时间，你把借条弄丢了，当你找别人要钱的时候，别人却说证据呢？那是此时你有苦说不出，这还是取证的问题。那么，区块链是如何解决取证这个问题的呢？在《解码区块链》2018年12月24日的一期节目中，嘉宾们对这个问题进行了深入探讨。存证主要是确定发生了什么事、都有谁干了这件事以及这些人分别应该承担什么责任和义务。而现在的痛点是，在日常生活中，人们很难把所有证据都完整保存，导致"扯皮"事件时有发生。那区块链怎么解决呢？分为三个步骤，第一步是取证，日常生活中涉及的侵权场景有很多，但原始电子数据一般是录音、录像、截屏、邮件等。那么用户就可以通过入口上传这些数据，平台会给它标上时间、坐标、IP地址，第一时间把证据存下来。第二步是验证，这些证据都是有地址的，可以用区块链技术做一个哈希运算，标上时间戳，接着用电子签名等认证方式给数据验证真实身份。对证据进行验证之后，第三步就是出证，平台连接线下的法院、司法鉴定、仲裁委员会等部门，让数据变成证据，使区块链存证可以作为法律证据使用，这就形成了完整的"区块链+存证"应用逻辑。

举一个常见的落地场景，比如网页设计侵权，过去互联网信息的存证非常麻烦，要自己截图然后去鉴定机构做鉴定。但现在有"区块链+存证"产品之后，只要安装了产品，用户可以直接一键操作，流程非常简单，鉴定、维权等都可以在后台操作，省心省力。"区块链+存证"可以通过免费的服务形成流量入口，然后用增值服务来提高商业收入。如果未来能解决存储空间的成本问题，这个设想能让这类企业提供更好的服务。有人可能想问，"区块链+存证"真的有法律效应吗？我们的回答是"是的"，早在2018年6月，杭州互联网法院就出具了全国第一例区块链电子存证的生效判决。

区块链可以与6G时代数据孪生相结合，区块链可以很好地保证这些数据的可信度、真实性和透明化，再加上区块链上数据的可信溯源和多维度、相关性的大数据，可以让互联网很难解决的供应链金融获得实现。

例如我们开发的区块链扶贫应用就通过区块链实现扶贫数据、资金、扶贫农产品的数据真实、可信和透明，让参与方包括农资供应商、扶贫央企、政府、扶贫央企员工、银行、保险等在内的多方实现了农产品质量保证、所有参与方的资金安全和金融机构获得数据的真实有效。

第五节
科技与艺术的结合
—— NFT

不被嘲笑的梦想，是不值得被实现的。

——罗永浩

2022 年 5 月，中共中央办公厅、国务院办公厅印发了《关于推进实施国家文化数字化战略的意见》，该意见是推动实施国家文化数字化战略、建设国家文化大数据体系的框架性、指导性文件，为社会各界贯彻落实国家文化数字化战略指明了方向，也打开了数字藏品赛道新纪元。

从 1993 年 Hal Finney 第一次提出 NFT 概念，到 2018 年间 NFT 生态大规模增长，在 OpenSea 和 SuperRare 引领下，NFT 交易更加便利及完善，NFT 应用领域也逐步从游戏、艺术品扩大到音乐等，在 2021 年 NFT 迎来爆发式增长，无数的资本、品牌、机构、文化 IP 纷纷入场，真正实现了"万物皆可数字藏品"。

国内数字藏品与国外 NFT 虽有所关联，但有本质区别，随着 NFT 的爆火，腾讯、阿里巴巴、网易等国内互联网巨头纷纷入局 NFT 数字藏品市场，新华社、吉利汽车、中体产业等也相继推出 NFT。2021 年下半年，各大平台 NFT 发行方将 NFT 改名为"数字藏品"，NFT/数字藏品的生态系统也在不断构建中趋于多样化，不只传统大厂推出了自己的数字藏品平台，还有例如央视的央数藏、人民网的灵境、阿里巴巴的鲸探、京东的灵犀，也不乏一些新创企业瞄准了这个方向，来自清华大学的创业团队推出了主打跨链国风数字藏品平台"华夏数艺"。国外的 NFT 基于公链，对所有人开放，任何人都可参与、读取数据、发送交易等。国外 NFT 最核心的特点是不受管理，不受控制，没有任何人或机构进行监督。而国内的数字藏品基于联盟链，很多区块链、联盟链是由政府搭建的基础设施，便于监管；在发行上，国外的 NFT 没有经过版权审核，国内规范的数字藏品必须要经过内容审核才能上链进行发布。

在产业被数字技术改变的时代，大家不断探索区块链行业的机遇与发展，数字藏品涵盖的领域无穷，从"人民日报"到"视觉中国"，再从"李宁"到"特步"都发布了自己的数字藏品，区别于传统无意义的图片形式 NFT，这些藏品的发布带动了社会经济的发展，实现了对实体经济的赋能。比如 2022 年 9 月上线并爆火的"NFT+GameFi"元宇宙游戏《苍穹宇宙》充分说明了数字藏品不是自娱自乐的独角戏，它是一个生态链，在艺术收藏品领域、版权领域、体育领域、游戏领域等众多领域亦有良好的应用前景与优势。中国科学网发布的《2021 年中国数字藏品（NFT）市场分析总结》中的数据显示，NFT 在中国正式上线不到一年的时间里，各发售平台发售物品数量约 456 万个，总发行量市值约 1.5 亿元；中国 NFT 市场规模在 2026 年将达到近 300 亿元，有较大的挖掘空间。

随着数字藏品的火爆与热销，数字藏品资源的稀缺性导致其炒作现象越来越严重。鲸探、华夏数艺等交易平台均在用户条款中注明禁止数字藏品炒作与场外交易，严防数字藏品炒作已成为行业的基本共识。虽说国内数字藏品主要以联盟链为主，相对于公链技术是可控的，在合规方面更具优势，能够防范一定的投机炒作和金融化风险，但仍有个别平台蠢蠢欲动，欲通过"发扬文化 IP"之名行数字藏品"金融化"之实，这种做法无异于饮鸩止渴，切断行业发展道路。数字藏品作为元宇宙与数字经济时代的重要产品，在近一年的时间内发展迅速，并成功进入主流市场，与此同时不断完善生态构建，朝着合规方向不断进步，打入包括传统文化、非遗等领域在内的多场景应用。各个 NFT 平台应践行"合规优先"的理念，在做好合规的前提下才能行稳致远。

第六章

数字技术赋能产业发展

第一节

乐智众创大学
—— MABCD 赋能教育变革

创业不是一个阶段,这就是我的生活。

——博胜之道

党的二十大报告指出,坚持以人民为中心发展教育,加快建设高质量教育体系,发展素质教育,促进教育公平。统筹职业教育、高等教育、继续教育协同创新,推进职普融通、产教融合、科教融汇,优化职业教育类型定位。推进教育数字化,建设全民终身学习的学习型社会、学习型大国。

2005 年 7 月 29 日,时任国务院总理温家宝在北京看望了 94 岁的钱学森。温总理向坐在病床上的钱学森介绍了政府正在组织制定新一轮科技发展规划并采取自主创新方针的情况。钱老听完介绍后表示:"现在中国没有完全发展起来,一个重要原因是没有一所大学能够按照培养科学技术发明创新人才的模式去办学,没有自己独特的创新的东西,老是冒不出杰出人才。这是个很大的问题。"这段话就是"钱学森之问"。

到底什么是"钱学森之问"?《与大师的对话——著名科学家钱学森与钱学敏教授通信集》中钱学森与钱学敏等专家围绕信息技术对教育的影响及人才培养有很多的交流,在 1993 年 8 月 29 日钱学森写给钱学敏的信中他就提道:"教育与产业革命是密切相关的,第三次产业革命唤来了 19 世纪后半叶开始的教育改革,出现了工科高等院校;第四次产业革命唤来了 20 世纪中叶的教育改革，理工结合、自然科学与社会科学相结合。"

在 1993 年 9 月 13 日的信中他又提道："邓小平同志讲的面向现代化、面向世界、面向未来是我们考虑如何培养人，使能适应第五次产业革命、灵境技术和世界社会形态的指导方针。"

在 1993 年 10 月 7 日的信中他提出："中国 21 世纪的教育，是要人人大学毕业成硕士，18 岁的硕士，但什么样的硕士？现在我想是大成智慧学的硕士，具体讲，熟悉科学技术的体系，熟悉马克思主义哲学；理、工、文、艺结合，有智慧；熟悉信息网络，善于用电子计算机处理知识。

"这样的人是全才，我们从西方文艺复兴时期的全才伟人，走到 19 世纪中叶的理、工、文、艺分家的专家教育；再走到 20 世纪 40 年代的理工结合加文艺的教育体制；再走到今天的理工文（理、工加社科）结合的萌芽，到 21 世纪我们又回到了像西方文艺复兴时期的全才了，但有一个不同：21 世纪的全才并不否定专家；只是他，这位全才，大约只需一个星期的学习和锻炼就可以从一个专业转入另一个不同的专业，这是全与专的辩证统一。

"大致可以作为下面这几段教育：8 年一贯制的初级教育，4 岁到 12 岁，是打基础。接着的 5 年（**高中加大学**），12 岁到 17 岁，是完成大成智慧的学习。后 1 年是'实习'，学成一个行业的专家，写出毕业论文。

"这样的大成智慧硕士，可以进入任何一项工作，弄一个星期就可以成为行家。以后如工作需要，改行也毫无困难。当然，他也可以深造为博士，那主要是搞科学技术研究，开拓知识领域。"

钱学森当年的想法在逐步成为现实，教育模式已经出现了新的范式，2021 年美国斯坦福大学杰利米·拜雷森教授通过 VR 开设了"Communication 166"课程，263 个学生同时在虚拟场景中进行课程学习。

通过链石资本投资的凯库乐元宇宙，化学这种抽象的学科将会变得可见、可触摸，在凯库乐元宇宙中人们通过分子引擎 VR 建立了新一代化学分子结构交互式设计方法，在化学教育和小分子靶向药设计等专业领域有很大的市场前景。凯库乐元宇宙中两个分子之间如何发生反应？反应需要在什么样的温度下完成？发生反应的基元路径是怎样的？温度对化学反应有什么影响？什么是有效碰撞，什么是无效碰撞？一系列问题都变得一目了然，融合了动作捕捉、空间定位、多人交互等技术的凯库乐元宇宙突破性地实现了多人同时在虚拟大空间环境中自由行走、进行复杂操作、实时交互型授课等功能。通过凯库乐的分子计算引擎，已经实现了化学元素周期表中 54 种元素分子间的作用力，通过 VR 实现了化学分子乃至原子结构的可视化，实现了对分子结构的操作；在材料研发领域节约了实验时间，减少了实验次数，降低了爆炸、燃烧、腐蚀等危险；在教学领域，让抽象的化学分子可视化，针对分子结构的可操作性增加了教学领域的趣味性，让化学变得栩栩如生。正是由于凯库乐元宇宙的前沿性与实用性，凯库乐化学被国际纯粹与应用化学联合会（IUPAC）列为 2022 年化学领域十大应用。

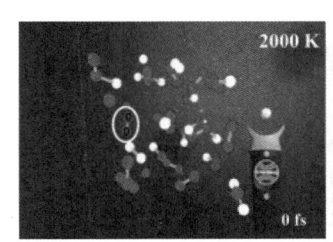

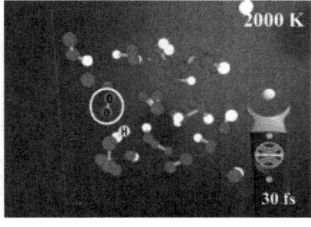

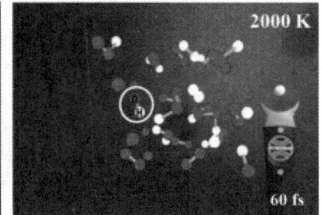

凯库乐元宇宙分子反应

元宇宙时代的教育更加强调整体性，元宇宙本身就是一个大课堂，它超越了教育本身，承载了科技革命、教育革命和学习革命，使教育的边界、空间、时间都实现了全天候、随时随地进行。

研究表明，单一媒体的教学形式如文字或图片，教学效率约为 10%；复合媒体教学形式（如多媒体教学）的效率约为 30%；高沉浸的体验式教学效率可达 70%。VR 教育对教育模式和学生兴趣的改变不言自明，不得不引起人们的重视。

在众创群体崛起的大时代，创新创业已经成为一种选择的时候，创业教育的模式也需要变革，尤其是在具备特殊性的数字经济领域，创业不仅专业性要求高、技术迭代速度快，ABCDM 还与各行各业的关联性很强，作为创业者，往往要了解跨行业企业的运营逻辑。作为新兴的教学科目，高校中一直没有"创业教育"学科，自然也没有"创业教育系"毕业生当创业教师。虽然经过了多年双创教育的培育，高校都已经具备了一定的师资力量，但培训周期普遍较短，老师自身缺乏创业实践经历，除极少数优秀人才外，多数教师采用纯知识讲授方式，缺少实践中的真知灼见，难免"纸上谈兵"。经管类或工商管理专业毕业的创业教师虽然受过较为系统的经济管理学科教育，但创业实践很少。工商管理课程体系主要是针对大企业的管理实践进行总结、提炼和升华，而创办新企业、小企业和运营一家大企业是不一样的。高校创业教育普遍存在着课程设置不灵活、创业课程与专业课程脱节、课程内容单一等问题，特别是当前使用的创业教材多是脱胎于国外的教育体系，针对中国文化、教育特色进行系统研究和修订得不够，"水土不服"的问题比较突出，尤其是缺少有中国特色的场景和应用阶段。当前即便有些高校自行开发了一些创业教材，也由于缺乏对创业教育内容及其课程的深入研究、系统的创业经验与相关专业理论的整合和凝练，其内容显得孤立、零散、单薄，缺乏系统性、层次性、可操作性，课程数量和内容远不能满足学生的多样化需求，成为制约高校创业教育深入发展的瓶颈，特别是缺乏恰当的案例教学资源。众所周知，MBA 课程历来提倡案例化教学，创业教育更是如此。创业实践是创业教育的重要组成部分，是提高创业教育实效的基本途径，能使学生形成正确的创业目标和价值取向，全面提升学生的交往能力、心理承受力、谈判能力等综合素质。但是，目前多数高校的创业教育往往停留在课堂教学上，即使邀请企业家做创业主题报告，但缺乏持续性，很难在大学生中形成持久的积聚效应，导致所谓"心虽已远，身却未动"，激情有余，功力不足。

我们在受邀参与录制《解码区块链》电视栏目时，围绕着人才培养、人才评价、移动互联网、大数据、金融科技、人工智能、区块链和元宇宙等数字技术对未来教育的影响进行了专题讨论，我们认为未来教育将会具备如下特点。

第一，元宇宙重新构造了教育的时间和空间。过去的教育必须要在特定的时间和场合进行特定的教育，信息技术尤其是元宇宙的出现，让教育变得无处不在、无时不在，将真正实现终身学习，人们可以随时随地以任意方式在任何地方进行轻松有效的互动性沉浸式学习。学生可以按照自己的喜好选择通过人工智能打造的虚拟教师，学语文可以选择孔子、孟子、朱自清等形象的虚拟老师；学化学可以选择拉瓦锡、凯库勒、门捷列夫等化学大家；物理可以从牛顿、爱因斯坦、特斯拉等大咖中选择一位甚至多位；数学可以跟着钱学森、高斯、欧拉、黎曼等大咖学习。上课方式不再是老师讲、学生听，而是可以随时有场景的互动。如果语文课学的是《荷塘月色》，通过人工智能和VR的荷塘月色就展现在你眼前；如果正在学圆柱体如何计算体积与面积，VR就可以帮你把圆柱体打开，方便记忆；如果学的是高锰酸钾制氧，就可以在凯库乐元宇宙中看到完整的反应过程。虚拟老师可以通过背后的爬虫技术提供相关知识点，让学习更智能。

第二，教育过程中的知识生产不一定是在大学的硕士、博士阶段。在数字技术的加持下，包括现在的抖音、快手上可以看到很多知识的学习都是小学生创造的，伴随着元宇宙的出现，教育资源不均衡这个问题将不复存在。

第三，跨学科学习。例如我们在《乐智众创 STEAM 教育》中，通过一节课就可以让小学生学习到包括科学、技术、工程、艺术和数学等多学科的内容。

第四，人机互动学习。学习主体的年龄在逐渐变小，并且是人和机器共同学习，就像现在流行的推荐算法是人机共同学习的雏形，例如在抖音上、在快手上人们越看什么内容，系统就越是会推荐什么内容。

第五，学制缩短。因为元宇宙、区块链等数字技术的快速迭代，人们的学习效率大大提高，很多学科的界限被打破，数学、物理、化学等抽象的内容变得可视化、具象化，历史、地理、语文等学科可以在沉浸互动中学习，使人们更容易感知和记住信息。元宇宙可以将学生带到不同的时代，让他们能够观察、体验重大的世界事件，例如制作的 VR 电影可以让学生了解兰开斯特轰炸机在柏林的任务是如何在 1943 年开展的。这部电影基于战地记者的真实录音，学生现在可以"加入"机组，了解第二次世界大战期间最大的军事任务之一的详细信息。

人们已经感受到了数字技术快速发展对社会带来的变化，科学技术发展在加速，科技革命的加速导致了传统模式下的教育危机不可避免，从科技革命蔓延到教育革命，教育本身面临着一个范式革命，包括区块链、人工智能、元宇宙在内的很多科技成果本身就已经打造了一个创新环境，让学生们更好地去理解、感受、触摸，这在传统的课堂或实验室是做不到的，而这些因素对教育都有至关重要的影响。科学方法中的演绎法和归纳法只有在像元宇宙、VR、AR 等技术支撑下的场景中才能成为可能。

雷·库兹韦尔在《奇点临近》一书中提出了一个观点：人类在逼近所谓的奇点，科技已经进入到非常特殊的时代，基于这种大背景，"产业转型升级→所需人才结构转变升级→高校人才培养结构转变升级→专业结构转型升级"的人才培养模式变得越来越重要了，尤其是在工程创新领域。

人类正在创造一个怎样的未来？畅想未来，是对未知世界的美好期待；理解未来，是对知识孜孜不倦的追求；触摸未来，让每位创造者感知创新；创造未来，抵达人们心中所畅想的幸福时空！人们渴望着改变的发生，未来究竟会向何处去？以元宇宙、金融科技、人工智能、区块链等为代表的创新科技无疑给出了最好的答案：创新科技与我国广泛的应用场景结合将会开出五颜六色的花朵，结出千滋百味的硕果。从高铁到扫码支付，从 1G 到 6G，这些创新成果正在加速大国复兴。在社会稳定、经济快速发展的大环境下，教育和科学研究都取得了长足的进步，从屠呦呦获得诺贝尔奖，到以对标诺贝尔的中国顶级投资人、企业家捐赠的未来科学大奖的推出，到全国首家官助民办的基础研究型大学——西湖大学的建立都会加速我国在基础研究领域的发展。

2018 年 9 月 10 日，中共中央总书记、国家主席、中央军委主席习近平出席全国教育大会并发表重要讲话。他强调，在党的坚强领导下，全面贯彻党的教育方针……立足基本国情，遵循教育规律，坚持改革创新……加快推进教育现代化、建设教育强国、办好人民满意的教育。2021 年 10 月 18 日，中共中央政治局就推动我国数字经济健康发展进行第三十四次集体学习。中共中央总书记习近平在主持学习时强调，"近年来，互联网、大数据、云计算、人工智能、区块链等技术加速创新，日益融入经济社会发展各领域全过程，数字经济发展速度之快、辐射范围之广、影响程度之深前所未有，正在成为重组全球要素资源、重塑全球经济结构、改变全球竞争格局的关键力量。要站在统筹中华民族伟大复兴战略全局和世界百年未有之大变局的高度，统筹国内国际两个大局、发展安全两件大事，充分发挥海量数据和丰富应用场景优势，促进数字技术与实体经济深度融合，赋能传统产业转型升级，催生新产业、新业态、新模式，不断做强、做优、做大我国数字经济"。

2017年12月8日，中共中央政治局就实施国家大数据战略进行第二次集体学习。2018年10月31日，中共中央政治局就人工智能发展现状和趋势举行第九次集体学习。2019年10月24日，中共中央政治局就区块链技术发展现状和趋势进行第十八次集体学习。2020年10月16日，中共中央政治局就量子科技研究和应用前景举行第二十四次集体学习。新知识、新技术的诞生与扩散消亡的周期变短，信息的生命周期变短，人们要密切跟踪关注科技创新发展的最前沿和新趋势。

乐智众创大学以"全球视野，中国实践"为理念，以培养新一代青年领袖为使命，融合国际最先进的教育模式，打造国内领先、国际一流的创新教育平台。乐智众创大学将突出人机结合的制度体系与思维体系，关注核心素养导向的人才培养，关注学生的灵魂和幸福，关注个性化、多样性和适应性的学习，关注人机协作的高效教学。这所大学的诞生将加快推动人才培养模式、教学方法的改革，为在校学生提供相应的教育环境、学习过程支持（如学科工具、智能机器人等）、教育评价（如学生问题解决能力的智能评价、心理健康检测与预警等）、教师助理、管理与服务等典型应用场景，改变以"讲、测、考、练"为核心的应用现状；开展跨学科知识体系培养，推进创业教育、教育学、信息科学、心理学、领导力、管理力等多学科协同攻关；对接大型企业和创新型企业，开展定向人才培养，链接风险投资基金，对优秀的大学生创业项目进行投资孵化，为加快建设创新型国家贡献力量。

乐智众创大学将采用董事会领导下的校长负责制，特有的"学术顾问委员会""战略咨询委员会"和"创业投资委员会"制度为乐智众创大学搭建起了学界与业界沟通的桥梁，为学校在人才培养和研究方面引领与契合行业需求奠定了坚实基础。乐智众创大学独树一帜，积极寻求与业界有效互动，与英雄学院（Draper University）、央国企、上市公司、电视台等机构强强合作，搭建平台，开展行业领袖与学术之间的高层对话，探讨前沿问题，开展创投实践。

乐智众创大学的筹备团队深谙互联网思维，让这所大学一"出生"就深深地植入了互联网思维和包括区块链、人工智能、元宇宙在内的技术。乐智众创大学的课程团队通过区块链和元宇宙开发的课程平台联合了包括新开普（SZ：300248）、安硕信息（SZ：300380）、中恒电气（SZ：002364）等几十家上市公司，汇医慧影、新石器无人车、CSDN等30多家独角兽企业和央、国企等用人单位共同研发课程，制订培养计划和评价机制。这些课程有的通过VR、AR、视频等呈现，有的通过音频、图文等方式呈现，还有的通过游戏化、任务化的方式呈现。每一节课都通过区块链进行了版权登记并且生成了NFT，学生们的学习时长、互动、考评全部通过平台记录并进行了大数据智能分析，学生的卡点、难点一目了然，学习成绩可以永远追溯。

化学反应中包含了众多的基元反应，从微观的角度来看，基元反应是反应物经过一系列的有效碰撞，破坏原有分子结构，重新排列结合，产生了新物质（生成物）的过程。化学反应的本质是分子结构在反应过程中发生相应的变化，对分子结构的学习和理解是高等化学教育中的核心部分。传统的教学方式存在难于理解复杂分子结构的问题，在乐智众创大学化学课上，同学们使用化学元宇宙通过拖动VR设备的手柄不仅可以感受到两个分子是如何反应的，还可以感受到发生反应需要的分子间力和温度等反应参数，这将大大提高教学效率，提升学生们的学习兴趣，还可以降低化学实验教学过程中的风险。涉及有毒、易燃、易爆炸物质的化学实验，通过凯库乐元宇宙模拟实验过程，可以有效避免因错误操作引发的事故，节约昂贵的实验药品成本，减少教师每次实验或课前的教学和实验准备，将教学或实验过程中不可逆的问题通过沉浸式、可视化的方式进行反复的操作并同时开展相应的数据分析，实现知识点精准分析，重点、难点一目了然。使用凯库乐元宇宙可以显著地降低化学教育成本，作为化学教育、教学的一种新手段，VR 技术对教学效率的提高大有裨益。一方面，VR 的沉浸感和趣味性可将枯燥乏味的知识以生动有趣的方式呈现，增强了学生的想象力和创造力，提高学习的积极性；另一方面，通过 VR 进行的"实践操作"动作有助于记忆的形成和深化，即达到"听百遍不如练一遍"的效果。

钱学森先生提出在第五次产业革命中，人脑的功能、人的思维将会发生变化；不只是涌来的信息大潮，还有从前认为不可思议的事。钱学森的大成智慧教育思想指出，科学技术工作者，要从实际出发，以理论为基础，把实践与理论有机结合起来，研究开发新的理论，此实践理论是一种新的技术，用来预见大量的实际问题，因此弄清楚责任现象的基础和本质机理对于解决实际问题有重要的指导作用。学习化学反应的机理就是对化学结构的学习和掌握，因此对于化学结构的理解和学习是高等化学教育中的重要组成部分。在传统的教育方式下，受限于化学结构的可视化手段，学习和理解复杂的化学结构非常困难，因此学生在学习化学时会感觉晦涩难懂，但是灵境技术能使人们感受到从前不能感受到的东西，大至宇宙，小至分子原子，都能审视感触。

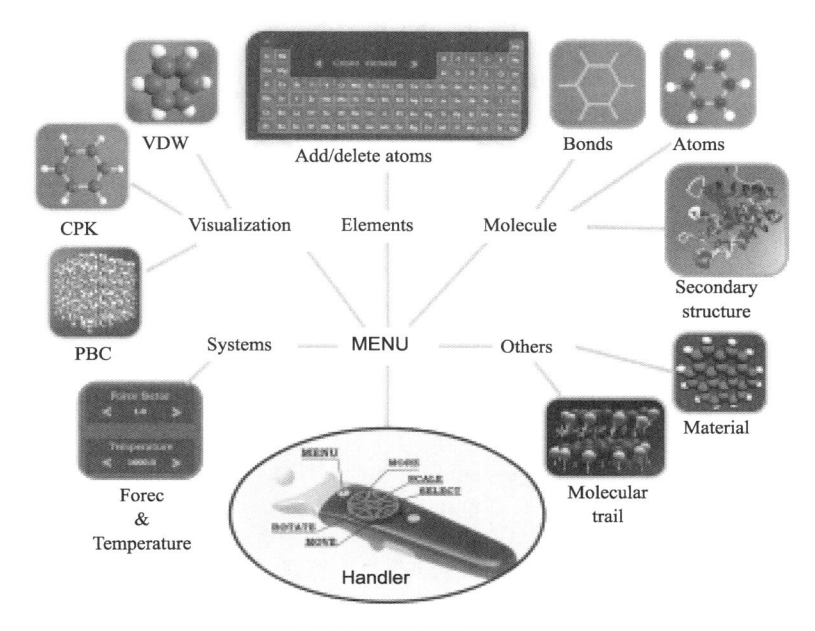

凯库乐元宇宙灵境技术

通过凯库乐元宇宙来完成甲烷分解的过程是通过手柄与分子交互来完成实验路径的探索。在反应网络中由断键和碰撞开始，在 MD 模拟中需要经过较长的时间步长和高温才能实现。在 Manta 工具中，我们通过手柄对氢氧自由基和氢原子施加外力，增加原子的有效碰撞，促进反应的发生。

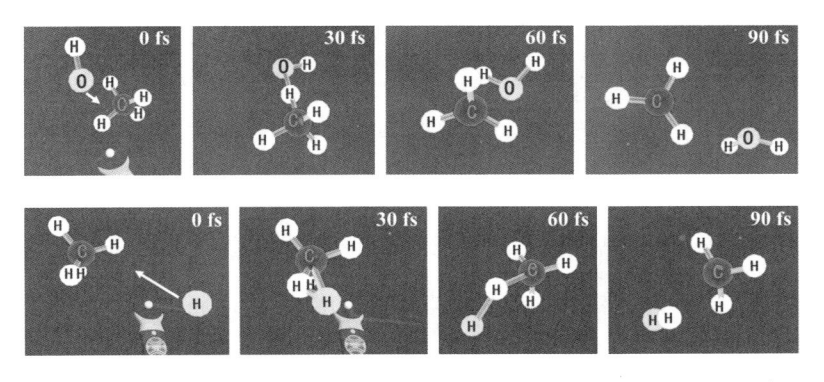

甲烷分解的两个反应路径（$CH_4+OH \rightarrow CH_3+H_2O$ 和 $CH_4+H \rightarrow CH_3+H_2$）

乐智众创大学的高校合作团队将通过专业研究团队开发设计的评价机制和系统，在全国范围内的2700多所高校中择优选择600～1000所高校，开展专业和学院共建、培训学校老师；采用元宇宙、互联网等技术把乐智众创大学研发的课程、师资、教材和培养方案输出给合作的大学。合作的大学把学生本科四年课程压缩到两年，在大学三年级或二年级就可以开展相关专业基础课程，例如程序设计、创业教育、沙盘演练、创新实践等和创业就业相关的公共课程。

乐智众创大学的创就业团队联合了包括链石资本、沸点资本、创悟邦资本在内的50多家风险投资基金、企业和政府相关部门，每年定期开展不同类型的创意、创新、创业大赛，通过各种大赛发布相关的创业项目；通过答辩、PK、演讲等方式鼓励学生组成公司或团队，每个学期都会开展2～3次测评选出优秀团队，同时通过线上系统统计出可以提供寒暑假实习的相关企事业单位并发布，让乐智众创大学的每位学生都有机会利用好实习机会了解企事业单位、相关工作岗位所需的知识、技能及职业素养。通过寒暑假的实习，学生们可以意识到自己在哪些方面还需要加强，自己更适合哪种职业，或发现企业边缘的创新机会，在企业边缘创新或创业。熟悉想象的职业场景与自己能力之间的差距，可以让学生有的放矢，激发学习兴趣、探索能力和团队协作能力，这是乐智众创大学在借鉴了STEAM的教育理念和方式所产生的成果，以入驻乐智众创STEAM教育综合体为代表的教育机构联合中国人民大学附属中学、中国科学院、北京理工大学等相关院校的老师已经开发出一套从小学到大学的课程体系，让学生们真正体验到每堂课所学的知识点都是有用的，是能解决实际生活中的问题的。在元宇宙、互联网、区块链等新技术以超摩尔速度发展的大背景下，最好的培养模式是"师父领进门，修行在个人"。在乐智众创大学，我们将联合教授和企业家成立双导师团队，结合大中型公司和中小微创新公司对人才的需求，让学生在校期间学习内容更丰富；学生利用寒暑假到所学专业和方向对口的企业实习、实践，在大学期间了解职场和企业的同时获得相应的收入作为回馈；学生通过实践和实习熟悉企业相关岗位知识和技能，可以由企业相关负责人指导职业生涯规划提升职业素养。通过企业的实战项目提升在校生的实践能力，优秀的个人和团队还将获得合作的风险投资的投资孵化，结合创业导师的经验和资源开启创业之路。

过去，学习是为了创造；现在，学习过程本身就是创造，基于区块链的元宇宙将会重新构造学习型组织，教育主体变为学生；传统教育以教师为中心，以教科书为体系，以教师为空间范围的模式遇到困境，"授课—作业—考试"的教育链条已经在失效。以"二次元世代""网络原住民""电子土著"为标签的 2.6 亿 Z 世代，出生就伴随着互联网、移动互联网和 Web3 的快速发展，他们的玩具是 IPAD、触屏手机、可穿戴设备等，互联网成了他们与生俱来的一部分；抖音、快手、知乎、豆瓣等数字内容创作平台对"土著"们在价值上和认识上的塑造也日益加深。无论是交友、学习、娱乐，还是培养兴趣爱好、获得价值观念、树立人生方向，Z 世代都更加依赖网络。他们创造性年龄急剧下降，对传统和规则产生的冲突越来越明显，尤其是在元宇宙时代，创作经济将会大爆发，未来人们在元宇宙中可以创作文章、著书立说、进行数字化创作，每个作品都可以成为一个独特的 NFT 并通过区块链进行确权、定价、二次创作、交易等。就像我们在筹备的基于元宇宙的乐智众创大学中就会出现知识付费，学习过程全程留痕，学生随时可以进行知识和内容的二次创作，每个小团队都有可能成为创业者。

乐智众创大学成立的核心目标就是在中国打造一个"斯坦福"，核心课程围绕着成就优秀的创业者，有了好的创业者才会形成一个好的团队，就会有投资。乐智众创大学的企业合作团队将与知名的风险投资公司合作，择优选取的几十家上市公司、上百家创新型中小企业深度参与课程研发和教学实践，发掘互联网、人工智能、区块链、元宇宙等行业快速发展所需要的国际一流工程创新人才。在创业教育上，乐智众创大学的筹备团队已经多次联合参与了北京市科学技术协会创新服务中心、河北省科学技术协会、中关村科技园等机构每年组织的创新创业大赛，其中北京市科学技术协会创新服务中心的大赛我们从开始一直参与了十届。创业大赛是一种非常好的教育方式，尤其是对大学生来说，是对现有教育制度的一个很好补充；通过参与大赛可以提升同学们创意、撰写、设计、团队协作、表达等多种能力，激发学习热情，让大学时间过得充实而有意义。经过多年的付出，我们与高校合作成果显著，2013年我们与北京中医药大学创新创业教育中心联合，就河北省巨鹿县金银花产业方向做创业孵化，开发了包括金银花茶、香水、沐浴露、牙膏等多款产品。在2019年，我们培养的一个创业团队的负责人靠创新创业获得保研，这就意味着以后的学生考研究生不只有通过考试这个"独木桥"了，这是一个多么大的制度创新啊！这也证明了乐智众创大学探索的创业教育模式的社会需求和社会意义。

在基础研究领域创新已经有西湖大学为代表的民办高校的背景下，我们也在探索适合中国国情的、兼容并包的以工程创新为主的人才培养模式。我们更需要一个创新的研发体系让研究和产业深度融合，就像华为创造的模式那样，华为创始人任正非提道："过去那种产学研分工模式不适应现代社会，我们不可能等科学家们按照程序做完，所以我们培养了大量科学家……构建这么一个研发系统，可以让我们快速赶上时代的进步，抢占更重要的制高点。"任正非提到的这种创新模式不仅华为需要，对于贡献了50%税收、60%GDP、70%技术创新的广大创新型中小企业更是需要。就拿区块链行业举例来说，这个行业需要的是复合型的人才团队和知识结构，中本聪团队就是一个集合了密码学、互联网技术开发、金融、经济、社群、货币学、社会学、心理学、国际经济形势等知识于一体的复合型团队。现在产业的发展需要的是具备跨学科知识结构的人才，尤其是技术开发人才具备多种知识结构，因为元宇宙、区块链技术语言体系的不完善，要满足场景的创新，开发者就需要具备创新思维，只有具备多学科知识的开发者才能承担创新的工作。

互联网、区块链、人工智能及元宇宙行业的从业者都知道，一个天才开发者的创造力远远超过10000个"码农"的创造力，就像没有"V神"就没有以太坊一样，他对技术的理解、复合型知识结构和熟练的编程能力是多少"码农"望尘莫及的；区块链的编程语言，不管是Go语言还是C++都是大多数非科班出身的技术开发者非常头疼的一件事，没有大量的技术人才供给、系统的区块链知识结构和系统的技术体系，人才质量、能力都难以保证，以区块链为代表的数字经济行业发展还有很长的路要走。再加上这个领域大量是以创新为主体的中小企业，所以不可能像华为一样每家企业独立建设一套创新研发系统。从2015年开始，我们就思考筹建一所以工程创新为主体，基于区块链的思维和元宇宙、数字孪生技术支撑，面向全球开放的分布式的工程创新大学。

我们有幸在2018年受到中国信息大学校长余晓芒的邀请，与中国互联网协会副理事长高新民和多位地方政府领导探讨在中国信息大学的基础上，对标以基础研究型为主体的西湖大学，筹建一所以工程创新为主体的大学，让更多的创新创业者在未知领域进行探索创新，让企业家发现创新创业人才，让创新创业人才找到创新土壤，让创意在这里生根发芽，茁壮成长为参天大树，实现每一位有社会责任感的企业家传道授业的士大夫理想。

筹备期间，乐智众创大学依托特有的校董会、学术顾问委员会、战略咨询委员会和创业投资委员会运营模式，融合国际一流教学资源开设了包括区块链与数字经济党政领导班、人工智能创业者训练营、金融科技 CEO 班、STEAM 教育千百万工程等在内的多个项目，课程聚焦前沿领域，元宇宙、人工智能、区块链、大数据、金融科技等未来趋势，用多学科跨界打破思维定式，携手顶级科学家和优秀学员一起身体力行，开阔国际视野，科学创业实践，探索足迹遍布中国、美国、以色列、印度等国家与地区，为培养高层次、创新型、国际化的青年领袖奠定坚实基础。

"用商业模式做公益，用投资的思维去资助学生。"乐智众创大学的经营模式采用区块链基金管理模式，将通过区块链设置公益基金、捐赠基金和风险投资基金，通过区块链的方式，让捐赠的每笔钱在区块链上的流转都可以实现透明化管理，捐赠人、社会机构可以随时随地对捐赠资金进行有效透明监管，通过基金的管理费、捐赠、投资收益来支持大学的运营。

有创新创业能力的学生将通过互联网申请进入乐智众创大学，学生在校期间所有有价值的信息在获得学生授权的情况下将上到区块链上，以此来解决传统模式难以适应新时代人才招聘需求的问题。人才作为企业的核心资源，在企业参与市场竞争过程中所起到的作用日益得到体现。所有学生的学习经历、升学就业、学术、工作经历、实践经历、资质证明等信息都将上链，解决了企业要花很多时间精力去做背景调查的问题。由于区块链、大数据提供了技术支撑，乐智众创大学的录取通知书和毕业证书都将是 NFT，学生们毕业后凭毕业证书的 NFT 可以继续听讲座、参加校友聚会、参加创业大赛、做大赛的评委等，每位学生都会有自己独一无二的数字身份。

在大学四年级，乐智众创大学将组织优秀的企业家、知名教授和天使投资人等组成评委会，通过一次笔试、一个实操案例、两轮面试的方式从大三学生组成的团队中挑选优秀的团队，被选中的团队将获得大学四年学费等额的奖学金。乐智众创大学将打造成青年精英人才的聚集地，一个连接全球精英的"人才部落"。

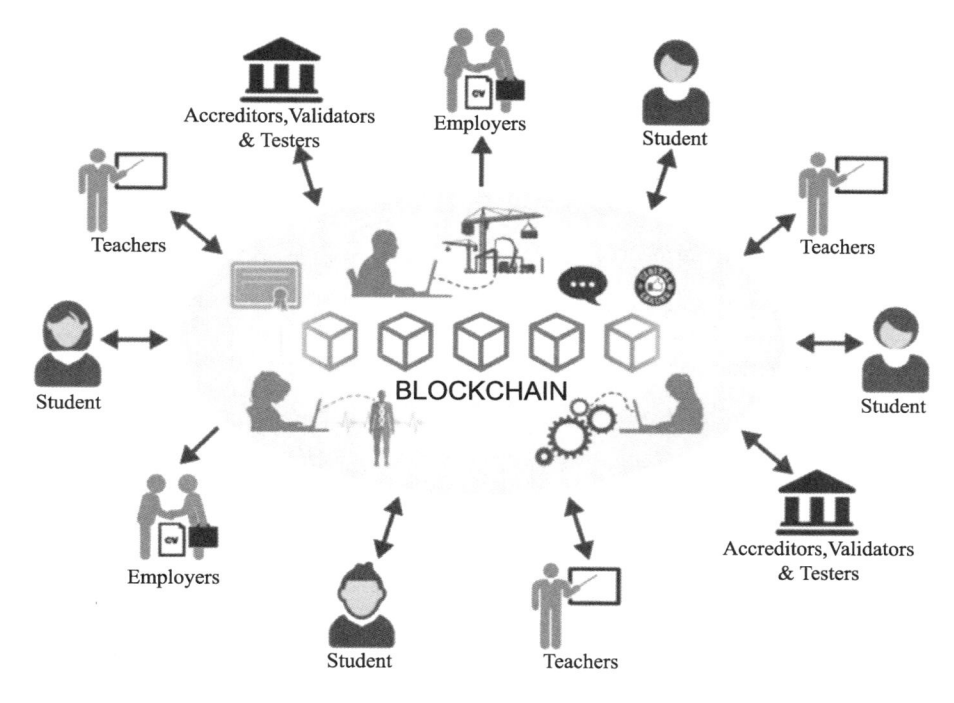

乐智众创大学区块链关系图

乐智众创大学所有的知识产权都将通过区块链方式进行保护和价值流转，我们把课件等相关的教育信息放到区块链上，实现了MOOC（大型开放式网络课程），实现了知识付费。在以工程创新背景下的以数字技术为代表的高科技行业，我们将结合元宇宙、大数据、人工智能、区块链等技术的特点，在学习中及时反馈，激发学生的学习兴趣，让学生学有所用。乐智众创大学还将通过引入区块链的通证经济生态体系，对教师和学生的考勤和作业情况执行通证奖励，保证学生的学费合理。通证奖励项目可以由企业发起，同时教师受到应有的激励。整个系统从传统的"学生适应老师"变为"以学生为中心"，以学习者为中心，满足公平、模块化、弹性化的教育需求。分布在全球各地的学子，可以通过乐智众创大学的元宇宙在线听课、参与互动。

企业可以在早期就通过通证投资学生的创业项目，优秀的校友也可通过捐赠通证反哺大学。学校将加快推动人才培养模式、教学方法改革，开展跨学科知识体系培养，推进创业教育、教育学、信息科学、心理学、领导力、管理力等多学科的协同攻关。

为什么有决心创为这所大学？我们分享一个故事，这是本书作者之一的亲身经历。"2016年7月19日，河北省邢台市发生了一次洪灾，我在我们的微信公众号——博胜之道中写了一篇文章，想要通过微信公众账号为受灾的大学生做点事情。文章收到了两笔打赏，其中一笔是我高中同学支付的。为什么这笔打赏让我印象深刻呢？当年这个同学从河海大学硕士毕业的时候，因为家里经济紧张，欠学校几千元学费，学校不发毕业证，他与陕西一个职业学校签订的就职劳动合同就无法履行。当时的我已经创业，有一些收入，他找到了我借钱。一位靠谱的老同学，又是因为学业欠钱，我没多想就借给他了，他把学费交给学校之后顺利地拿到了毕业证，到陕西的大学做了老师，半年后就把钱还给了我。没想到的是多年后我的公众号文章收到了他的打赏，让我对助人有了更深刻的理解，助人更大的意义难道不是在你帮助过一个人，他自立之后帮助更多的人自立吗？为什么我们不能把这些力量组织起来一起创建一所这样的大学呢？"

在参访了斯坦福大学之后，更增强了我们通过社会捐赠和学子回馈办乐智众创这所大学的信心，斯坦福大学就是捐赠回馈模式办学的典范，在斯坦福大学里随处可见优秀学子的捐赠,也正是这种捐赠模式让斯坦福大学的学生如此优秀,让他们更有力量推动社会的进步。

我们将在乐智众创大学课程设置中增加公益类项目,录取的学生要具备社会责任感和担当精神,每年必须完成一项公益事业,可以从乐智众创大学与公益机构合作的项目中选取,也可以自发组织,可以选择支教,也可以助农,当然每位同学的所有善举都会在乐智众创大学的区块链和大数据平台有相应的记录和反馈,在乐智众创大学的每个位置都会呈现学生的善举记录,从地砖到桌椅,从门牌到花草树木。

乐智众创大学将采用邀请制和申请制相结合的方式,让全球知名的教授、优秀企业家、天使投资人、优秀企业、风险基金参与到这所大学的教学、科研与管理中来,大学每栋教学楼、图书馆、宿舍、食堂、研发楼、实验楼、专家楼、报告厅、剧场、慎独厅、石板路、小桥流水等建筑,以及每张课桌乃至每块砖瓦都是企业、基金、优秀企业家、校友冠名或捐赠的。优秀人才、优秀企业和风险基金的加盟,保证了乐智众创大学在课程设计、人才培养方案和孵化等方面的品质和多样性。像我们的股东中恒电器,每年都会给他们的母校——华北电力大学进行捐赠。针对每笔捐赠,乐智众创大学不仅让捐赠企业或个人的名字在线下有体现,在乐智众创大学开发的区块链和元宇宙系统中也会有相应的体现,我们将捐赠个人和企业放到乐智众创大学校史馆元宇宙中,甚至专门为捐赠人研发虚拟人,让捐赠者与这所大学长期共存共荣,捐赠者及家人可以凭借区块链上的捐赠凭证享受乐智众创大学带来的独特权益。

乐智众创大学因创新人才培养模式和人才聚集效应,已经吸引了几十家上市公司和近百家中小企业,它们成为乐智众创大学的实习基地、就业单位、创业平台和事业舞台,而乐智众创大学让这些优秀公司源源不断地获得人才和事业升级。

同时，几十家上市公司和上百家中小企业把它们的孵化基地和高管培新中心、投资并购基金建在乐智众创大学所在的城市，再加上乐智众创大学所在地政府的优惠政策，吸引了一批有活力的风险投资基金陆续入驻；和近千所大学、几十家上市公司和上百家中小企业的合作，带来了一个又一个博士后工作站、院士工作站、国家科研项目、国家前沿课题，还有一批又一批"百战归来再读书"的企业高管。一个个上市公司，一个个科技创新领袖，乐智众创大学总部所在地必将成为全国乃至全球最有创新活力的城市。"产—学—研—创"一体化在乐智众创大学完成了体系化的运营，慕名前来参观、交流和学习的各地政府、企业、高校和科研单位络绎不绝。

在京津冀协同的大背景下，我们将把乐智众创大学的总部放在河北，期望十年、二十年之后，这里将拥有世界上领先的科技创业者、新生代企业家，培养出一批批最优秀的青年人才，从事最前沿科技创新实践，为中国的高科技可持续发展提供强大的引擎和支撑，为人类文明的发展做出一份贡献！

一年一度的科技创新高峰论坛，让乐智众创大学所在地成为河北省最著名的科技创新地标。每年春暖花开的时候，来自国内外的一流科技企业家、经济学家、投资人汇聚乐智众创大学，交流思想、探讨合作、建立友谊。乐智众创大学之所以能办得好，不仅仅是我们的模式放眼未来，更能通过解决企业面临的众多问题吸引众多务实的企业家加盟。

既然选择了远方，便只顾风雨兼程。我们深知创办一所寄托着社会各界厚望、承载着一代又一代人梦想的大学还有更多的路要走；虽然筹建过程中有阻力、有风险，但我们坚信，这件事情对国家和民族意义重大！我们相信，有国家和河北省各级政府的支持，有一大批企业家的慷慨资助，有一大批志同道合的院士、千人计划专家的群策群力，乐智众创大学一定会发展成世界上最有影响力的科学技术创新大学之一。

作为一所创新的民办高校，我们的筹办离不开有着共同使命和价值观的有情怀、有理想的企业家、投资人的慷慨解囊！感谢那些参与乐智众创大学筹办过程并与我们一起从零起步、艰难摸索前行的筹备委员会工作人员，他们放弃了多少个节假日和亲人团聚的时间，用汗水和智慧为这所大学拼搏着，感谢他们的信任，和对我们共同梦想的憧憬。最后欢迎有同样志向的各界朋友一同参与到乐智众创大学的创办工作中来。

第二节
元宇宙与数字技术
助力"一带一路"建设

谁达到并保持的高度都不是一蹴而就的,他们是在别人聊闲天、睡觉的时候一步一步艰辛地奋斗出来的。

——博胜之道

中国是世界农产品生产和消费大国。农业农村部统计数据显示,2021年上半年,中国农产品进出口总额1465亿美元,同比增长26.4%;其中进口额1081亿美元,同比增长33.9%。在参与"一带一路"建设的国家,许多国家农业生产占其GDP的25%以上,可以创造40%以上的就业率。上海合作组织秘书长弗拉基米尔·诺罗夫指出,在"一带一路"建设中,农业应该占据中心位置,以确保经济的可持续发展。与此同时,食品安全是世界各国面临的共同课题。随着经济全球化的深入发展、世界贸易的日益活跃,食品安全问题越来越呈现出国际化、全球化的发展趋势,食品安全全链条也不断延伸。各国必须开展农业与食品安全领域的务实合作,尤其是"一带一路"共建国家的农业资源禀赋差异较大,贸易互补性强,投资与技术合作前景广阔。

党的二十大报告中指出,"共建'一带一路'成为深受欢迎的国际公共产品和国际合作平台"。2021年12月25日,中央农村工作会议强调,要全力抓好粮食生产和重要农产品供给,稳定粮食面积,大力扩大大豆和油料生产。党的十八大以来,以习近平同志为核心的党中央高度重视"三农"工作，无论是在中央会议上，还是在调研考察中，他多次就"三农"问题发表重要讲话。定战略、明思路、论办法，习近平就实施乡村振兴战略的系列重要讲话，为开启城乡融合发展和现代化建设新局面指明了方向。

2018年9月21日下午，中共中央政治局就实施乡村振兴战略进行第八次集体学习。中共中央总书记习近平在主持学习时指出，"农业农村现代化是实施乡村振兴战略的总目标，坚持农业农村优先发展是总方针，产业兴旺、生态宜居、乡风文明、治理有效、生活富裕是总要求，建立健全城乡融合发展体制机制和政策体系是制度保障。要坚持农业现代化和农村现代化一体设计、一并推进，实现农业大国向农业强国跨越。要在资金投入、要素配置、公共服务、干部配备等方面采取有力举措，加快补齐农业农村发展短板，不断缩小城乡差距，让农业成为有奔头的产业，让农民成为有吸引力的职业，让农村成为安居乐业的家园。要推动农业农村经济适应市场需求变化、加快优化升级、促进产业融合，加快推进农村生态文明建设、建设农村美丽家园，弘扬社会主义核心价值观、保护和传承农村优秀传统文化、加强农村公共文化建设、提高乡村社会文明程度，推进乡村治理能力和水平现代化，让农村既充满活力又和谐有序，不断满足广大农民群众日益增长的美好生活需要"。

在科技创新时代，让广大农民过上更加美好的生活离不开元宇宙、区块链等数字技术的赋能。一方面是乡村振兴，另一方面是农产品消费市场，尤其是在消费升级的大背景下，比如在北京这样一个2000多万人口的国际化大都市，如何让消费者每天能吃到新鲜、安全、放心的肉、蛋、奶和各种食品，如何让用户可见、可品尝、可体验就变得非常重要了。在经过了几年的调研、深度沟通之后，我们以乡村振兴与食品安全为核心，集科技、研学、观光、旅游、教育、培育、改良、贸易、商业、文化、互联网、物流等产业为一体，正在开发建设一个立足北京，面向全球的数字孪生农业示范区。

为了打造这一示范区，我们在积极对接中国农业科学院前院长翟虎渠教授和赵春江、周卫等院士领衔的院士团队建立一个数字孪生与食品安全领域的联合实验室，我们支持院士团队开展数字孪生及食品安全领域的前沿技术研究和成果转化。在这里，人们将会看到全球第一个基于数字孪生的农业产业示范区，还可以看到食品安全标准和种植标准。我们将在北京南苑建立示范化、标准化样板，然后与全球合作伙伴进行模式共享；同时还会做好技术、设备、产业、品牌、人才的孵化培育，向各地农业基地进行技术输出。

在这里，每年将举办一届国际数字农业科技博览会，这个博览会不仅有线下 16 万平方米的实体场馆和 1000 亩种植面积，还有元宇宙的展厅，在展厅中可以看到来自全球各个国家和地区的农特优产品，当观众戴上特殊的手套和眼镜，走在元宇宙展厅时，可以感受到与逛实体展会同样的体验：触摸到水果时，可以通过眼镜闻到释放的水果香味，真正体会到"望梅止渴"的感觉；通过手套能感受到水果的冰凉触感；眨一下眼就可以通过我们开发的一个全球化的电商平台下单，来自全球的用户在这里可以 7×24 小时自由地选购喜欢的商品。

由于疫情的影响，很多国外政要、专家、学者等到不了现场，他们可以通过元宇宙的方式参与会议，元宇宙会场中有虚拟主持人、座位、讲台等，参会者可以通过弹幕的方式进行互动交流。

示范区将积极配合北京市委市政府、农业部、中国科学协会、中国国际贸易促进委员会、各国驻华领事馆等单位积极与国内外品牌及产地合作对接，让全国人民吃上来自全球各地的放心、安全的农特优产品，让来自全国各地的农特优产品通过这里走向全球。全球各国政府和全国各地的政府、科研院所、企事业单位不仅可以在这里深入交流，还可以通过元宇宙、区块链等技术与全球农特优产品的原产地进行联动，充分展示自己的劳动成果，进行充分的交流，愉快地洽谈合作事宜。

在这里，打开视频就可以看到所采购食品的实时种植、养殖状况，可以通过登录基于区块链的溯源平台看到购买的水果、蔬菜什么时候浇的水，什么时候施的肥，什么时候有什么样的光照强度等信息。该什么时候浇水、施肥都是由院士联合实验室制定的标准，通过智能喷灌、滴灌系统自动执行；在采摘、分拣、装箱（袋）环节，通过我们正在优化的采摘机器人，最大限度地减少人工参与，提升作业效率，减少污染。

青少年还可以在这里研学游学，不仅可以看到瓜果蔬菜如何种植，花草鱼虫如何生长，还可以体验人工智能、区块链、元宇宙等前沿的技术成果；种植、养殖中的每个环节和步骤都将通过VR、AR等灵境技术进行呈现，学生们既可以在现场学习、实际操作，回家后还可以通过数字技术进行学习，真正实现寓教于乐、教学相长。在小长假或寒暑假，青少年还将有机会到与我们联动的全球示范区体验种植、养殖、采摘等项目。在我们基于元宇宙开发的融合了VR、AR、AI等技术在内的农业文化博物馆，小朋友可以体验农民伯伯"锄禾日当午，汗滴禾下土"的艰辛，通过科技手段感受从古代到现在的种植技术变革，品尝来自全球各地的农特优产品，通过元宇宙的形式畅游世界。

在这里，会员进行了初步的体验、品尝后，还可以到规模化种植、养殖基地所在的城市深入参观、游玩、体验，从而带动城市之间的协同发展，既实现了人流和用地压力分散，还可以形成产业联动，带动地方共同发展，从而达到共同富裕的目标。

在这里，我们通过快检服务，让所有的消费者都能放心地吃喝，我们正在联合北京中医药大学、中国检验检疫科学研究院、中国检验检疫科学研究院综合检测中心等单位联合研发包括农残、酸碱度、甜度等在内的多种快检设备，消费者在这里看到、吃到的东西可以马上拿过来检验含量超标、达标等，快的话当场出结果，慢的话半个小时到一个小时也能出结果，并且数据实时上传到区块链溯源平台，从而保证吃得放心、安心。

在这里，我们还将为创业者提供众创空间和包括工商注册、财税筹划等在内的多种创业服务，基于以上新型基础设施，围绕着农业科技和食品安全、电商、区块链等领域的创业者可以自由地创业，在我们提供的基础设施上尽情创意，发挥自己的无限创意。

从市场需求方面来看，随着人们生活水平的提高，消费升级成了必然选择。要做到食品安全就要从源头做起，需要用户可见、可品尝、可感知，不但需要规模化的场地可供体验，还需要有足够大的种植面积让用户看得见、摸得着，更需要数字技术、种植标准化的赋能。通过16万平方米的场馆和1000亩的种植、养殖场地，我们可以为来自全球各地的农特优产品提供一个展示、推介的平台，各地政府、各国家大使可以通过线上和线下联动的方式进行优质、安全的食品推介。我们将做成一个 7×24 小时的食品进出口博览会。

从技术上来说，我们具备先天的科技优势，从顶层设计我们就以高标准、高起点规划、设计，我们邀请了多位院士及国家发展和改革委员会、农业农村部、中国农业科学院的相关领导和专家进行设计规划。我们的策划实施团队在互联网、区块链等技术领域有一定的积累，我们联合中国农业科学院、清华大学、北京理工大学、北京邮电大学、中国农业大学等多位知名专家、学者共同参与开发过河北科技厅重大专项的石家庄钢铁物流区块链、雄安数字孪生城市等相关项目。我们还与中国电子科技集团第十二研究所合作，通过微波能来做农产品的深加工，比如烘干、资源化的处理，甚至包括动植物的尸体直接还肥，真正实现绿色经济。

在物流配送领域我们正在联合新石器无人车打通"最后一公里"的末端配送，中国是物流大国更是物流强国，在干线物流领域我们将与国内领先的快递、物流公司合作。在物流的末端，我们将联合全球领先的无人零售和配送企业新石器无人车，在目标客户居住和工作场所开展无人车（机）配送上门服务。

综上所述，我们项目成果的目标是达到"一会"，即健康食品进出口博览会，一个 7×24 小时的食品行业世博会；"一赛"，即南苑（国际）创新创业大赛；"两链"，一链是我们的核心供应链，另一链是通过区块链等数字技术赋能；最后是"三平台"，数字技术孪生平台、会员电商平台，加上大数据的云平台。

第三节

元宇宙时代：
运动健身如此有趣

谁都有短处，谁都有长处，关键是找到互补的人组成高效协作的团队。

——博胜之道

  体育强则中国强，国运兴则体育兴。党的十八大以来，习近平总书记高度关心和重视体育事业，多次强调建设体育强国的重要意义。从党的十九大明确提出"广泛开展全民健身活动，加快推进体育强国建设"的目标，到2019年9月《体育强国建设纲要》出台，对体育强国的战略任务进行了安排，再到"十四五"规划和2035年远景目标纲要明确提出，到2035年"建成体育强国"；党的二十大报告中还特别提到了"中国式现代化是物质文明和精神文明相协调的现代化"，其中，体育在提高国人的精神素养方面也发挥着重要作用。

  国家体育总局此前发布的数据显示，我国参与体育消费人数比例位于前两位的年龄组为3岁至9岁和10岁至18岁，分别为53.4%和48.6%。国家统计局于2020年年底发布的数据也显示，2019年我国体育教育与培训行业的总产出为1909.4亿元，在同年的体育产业总产出中占比为6.5%。与2015年247.6亿元的数据对比，体育培训行业在"十三五"期间实现了跨越式增长，但全民健身区域发展不平衡、公共服务供给不充分等问题仍然存在，尤其是在新冠疫情期间，健身房暂停营业，户外需要戴口罩，传统的体育赛事无法按时在线下开展，多被延期甚至直接取消，造成了对体育事业巨大的冲击，也影响了行业的商业价值与消费力。

体育事业需要打破困境，重新找到吸引年轻人注意力的元素，同时重塑新的商业模式，互联网、元宇宙便是一个重要方向。2022年4月，定居上海的艺人刘畊宏开始在互联网平台上直播自创的"毽子操"，配乐是周杰伦的歌曲《本草纲目》。据统计，在4月1日至21日这20天里，刘畊宏共进行健身直播28场，累计观看人次超过7400万。其中最高同时在线人数高达200万，点赞量突破3亿。一夜之间，"刘畊宏""本草纲目""毽子操"成为社交网络中最热门的词。"在网上看到很多人跟跳之后都瘦了，而且身边也有朋友在跳，所以我也开始跳了。"在因为疫情而居家的日子里，社交网络愈发成为人们和外界联络的重要途径。"感觉好像所有人都在跳。你就算不跳，多少也会知道。"互联网上的健身变成了新趋势，引领了运动新潮流。

如今健身、运动不仅是一种习惯，有些人更将它看作时尚。科技力量的不断发展为人们的运动带来了各式各样的新产品，比如智能监测手环实时监测呼吸频率和心跳速率，2021年中国国际大数据产业博览会展馆推出了5G虚拟现实动感单车。科技赋能体育，让健身、运动在人们日常生活普及起来更加广泛，同时也更加容易。同时，通过互联网、元宇宙让人们在运动的过程中做到了分享和交流，做到了即时反馈。

体育事业本质上属于特定的社会公共事务的一种，而元宇宙的前提是创造共享体验，体育专业人士和数字世界建设者可以共同打造出一个虚拟体育世界，人们可以在单人模式或挑战模式中参与各种竞技运动，与朋友一起参加比赛，并且这个虚拟体育世界还有着巨大的创收空间，例如携手明星运动员发售NFT，数字化场馆可以出售门票并能吸引大量的赞助，出售虚拟化身可以使用的商品等。带有附加权益的体育 NFT 也受到了体育爱好者以及 Z 世代的关注与追捧，市场份额不断扩大，一方面能提升体育娱乐产业的粉丝的参与体验和忠诚度，另一方面也为传统产品提供了另类的支付解决方案，形成了新的市场方向。

建馆 20 多年的杭州黄龙体育中心，在智慧化改造升级后变成了全国首个元宇宙智慧体育馆，为观众提供 360 度自由的沉浸观赛体验。2022 年 9 月 1 日首届上海虚拟体育公开赛启动报名，赛事设置赛艇、骑行、滑雪、赛车和高尔夫五大虚拟运动项目。首个数字体育"元宇宙实验室"已正式落地北京，元宇宙体育的业态将得到进一步拓展。在数字技术的加持下，"3D 沉浸式观赛"的方式将带来颠覆般的观赛体验。通过元宇宙中的"运动空间"，普通运动爱好者也能以第一人称视角获得职业运动员般的体验。在虚拟环境中，用户还可以带上 VR 眼镜体验受体质、条件、环境约束而难以进行的极限运动，让运动、健身与游戏一样有趣，带来非凡的运动竞技体验。

第四节

金银花庄园
——基于数字孪生技术的乡村振兴之路

好的领导需要靠团队、靠判断力、靠制度达成结果,而不是靠自己是团队中最出色的那一个。

——博胜之道

2022年10月26日至28日,中共中央总书记、国家主席、中央军委主席习近平在陕西省延安市、河南省安阳市考察时强调,"全面建设社会主义现代化国家,最艰巨最繁重的任务仍然在农村。要全面学习贯彻党的二十大精神,坚持农业农村优先发展,发扬延安精神和红旗渠精神,巩固拓展脱贫攻坚成果,全面推进乡村振兴,为实现农业农村现代化而不懈奋斗。习近平强调,中国共产党是人民的党,是为人民服务的党,共产党当家就是要为老百姓办事,把老百姓的事情办好。空谈误国,实干兴邦。要认真学习贯彻党的二十大精神,全面推进乡村振兴,把富民政策一项一项落实好,加快推进农业农村现代化,让老乡们生活越来越红火"。

习近平总书记在党的二十大报告中强调,"全面建设社会主义现代化国家,最艰巨最繁重的任务仍然在农村。坚持农业农村优先发展,坚持城乡融合发展,畅通城乡要素流动。加快建设农业强国,扎实推动乡村产业、人才、文化、生态、组织振兴。全方位夯实粮食安全根基,全面落实粮食安全党政同责,牢牢守住十八亿亩耕地红线,逐步把永久基本农田全部建成高标准农田,深入实施种业振兴行动,强化农业科技和装备支撑，健全种粮农民收益保障机制和主产区利益补偿机制，确保中国人的饭碗牢牢端在自己手中"。党的二十大报告提出，"树立大食物观，发展设施农业，构建多元化食物供给体系。发展乡村特色产业，拓宽农民增收致富渠道。巩固拓展脱贫攻坚成果，增强脱贫地区和脱贫群众内生发展动力。统筹乡村基础设施和公共服务布局，建设宜居宜业和美乡村。巩固和完善农村基本经营制度，发展新型农村集体经济，发展新型农业经营主体和社会化服务，发展农业适度规模经营。深化农村土地制度改革，赋予农民更加充分的财产权益。保障进城落户农民合法土地权益，鼓励依法自愿有偿转让。完善农业支持保护制度，健全农村金融服务体系"。

"十四五"时期是我国全面建成小康社会、实现第一个百年奋斗目标之后，乘势而上开启全面建设社会主义现代化国家新征程、向第二个百年奋斗目标进军的第一个五年。《"十四五"推进农业农村现代化规划》提出，通过五年的努力，到2025年，农业基础更加稳固，乡村振兴战略全面推进，农业农村现代化取得重要进展。梯次推进有条件的地区率先基本实现农业农村现代化，脱贫地区实现巩固拓展脱贫攻坚成果同乡村振兴有效衔接。农业农村现代化的内涵体现在促进农业高质高效、乡村宜居宜业、农民富裕富足，实现路径可概括为生产设施化、社会服务化、产业融合化、生活便利化、环境绿色化、治理高效化、农民技能化和乡风文明化。2022年2月，《中共中央国务院关于做好2022年全面推进乡村振兴重点工作的意见》正式对外公布，这是21世纪以来指导"三农"工作的第19个中央一号文件。中央农村工作领导小组办公室主任、农业农村部部长唐仁健就文件精神进行了全面解读。他说，当前百年变局和世纪疫情交织叠加，外部环境更趋复杂和不确定，必须坚持稳字当头、稳中求进，稳住农业基本盘、做好"三农"工作，确保农业稳产增产、农民稳步增收、农村稳定安宁，为保持平稳健康的经济环境、国泰民安的社会环境提供坚实有力的支撑。扎实有序做好乡村发展、乡村建设、乡村治理重点工作。持续推进农村"一二三"产业发展，带动农民就地、就近、就业增收。健全乡村建设实施机制，着力解决农民生产生活实际问题。加强农村基层组织建设，健全党组织领导下的自治、法治、德治相结合的乡村治理体系，切实维护农村社会平安稳定。拓展农业多种功能、挖掘乡村多元价值，重点发展农产品加工业、乡村休闲旅游、农村电商三大产业；大力发展比较优势明显、带动农业农村能力强、就业容量大的县域富民产业，促进农民就地就近就业创业；加强农业面源污染综合治理，深入推进农业投入品减量化、废弃物利用资源化，推进农业农村绿色发展。

随着市场竞争的加剧，围绕市场、人才、资源的争夺日趋激烈，科技创新向生产力的转化过程加速，科技创新对核心竞争力的提升效应越来越明显，这也进一步推动了全球经济格局的深刻变化。一个国家或者一个区域的经济繁荣不单单取决于资源与资本的优势，而是逐渐体现为对知识和信息的有效积累与应用。对于一个国家或地区，要培育一个产业需要长期、多维度的政策性保护和扶持。数字经济时代，产业从无到有、从弱到强的发展，需要先从细分市场中寻找崛起的机会，整合自己的资源和技术优势，提前规划未来的产品与服务，并将其规范化、特色化，最终形成自己的核心竞争优势。数字经济时代，人们消费观念逐渐改变，调整改造现有的产业结构并发展智能制造、绿色农业、精准产业，实现可持续发展已经成为重要的战略。

结合数字经济时代的全球经济发展趋势及国内的政策，发展绿色中医药产业可谓恰逢其时，主要原因如下。

（1）人类生存环境的恶化，水、土壤、空气等自然资源污染严重，引发各类疾病，这也使得人们对各种医药的需求急剧增长。

（2）经过几十年的发展，中药材在医疗、健康领域的优势已经在诸多领域突显出来。

（3）中医药的重要作用得到了全世界医学界的高度认可，也催生了世界范围内的中医药热。而中国的中医药产业也成了朝阳产业，走出国门、走向世界已是大势所趋。

我国在中医药产业发展方面具备其他国家难以复制的优势，必将成为走出国门的民族产业。近年来，中国中医药国际贸易的快速增长似乎也说明了这一点。随着中医药产业的兴起，金银花的道地化种植以及精深加工业的发展也成了产业壮大的必然。基于巨鹿县的区位优势与国家"十四五"时期的政策、京津冀协同发展及河北省相关部门政策的叠加背景下，我们融合元宇宙、区块链等数字技术、历史文化、中医药、康养与旅游于一体，以健康文化为引擎，推动金银花产业健康持续发展。引导金银花加工业和现代服务业融合发展，让城乡居民有效互动，让客户在心情愉快、自觉自愿的环境中获得不同等级、不同形式的旅游服务、健康服务、文化娱乐服务、疗养服务等，使人们在潜移默化的环境中，增加中医药的医疗保健知识、历史文化知识、享受医养服务、获得身心健康；逐步将金银花产业培育成富农强县的主导产业、现代农业发展的支柱产业、京津冀大健康产业，为乡村振兴提供"金银花模式"，进而推动枸杞、红杏及其他巨鹿县特色产业发展，带动巨鹿县经济全面提升，最终实现"一花兴百业"。

《论语》有云："不患寡而患不均。"1943年，毛泽东发表了《组织起来》的重要讲话，指出："在农民群众方面，中国几千年来都是个体经济，一家一户就是一个生产单位，这种分散的个体生产，就是封建统治的经济基础，而使农民自己陷入永远的痛苦。克服这一状况的唯一办法，就是逐渐集体化；而达到集体化的唯一道路，依据列宁所说，就是经过合作社。"他在七届二中全会上明确指出："占国民经济总产值百分之九十的分散的个体的农业经济和手工业经济，是可能和必须谨慎地、逐步地而又积极地引导它们向着现代化和集体化的方向发展的，任其自流的观点是错误的。"他多次指出组织农民走集体化道路是解决农民共同富裕问题的唯一途径，"就农业来说，社会主义道路是我国农业唯一的道路。发展互助合作运动，不断地提高农业生产力，这是党在农村中工作的重心。"在他看来，农业合作化为农民集体致富提供了组织和制度的保证，实现了让资本主义和小生产绝种的要求，消除了历史上个体农民分化的可能性，有助于所有农民实现共同致富。

毛泽东建立了实现农民共同富裕的制度基础，为今天解决农民共同富裕问题留下了宝贵的历史经验。毛泽东在不断地对农民共同富裕出路的探索和实践有很大的启示作用，农村生产关系的变革一定要适应农村生产力的水平；一定要尊重农民的意愿，实现农民的利益，维护农民的权利；中国农村必须走社会主义现代化道路，坚持共同致富道路。党的十九届四中全会把"按劳分配为主体、多种分配方式并存"作为社会主义基本经济制度的同时，进一步指出要"健全劳动、资本、土地、知识、技术、管理、数据等生产要素由市场评价贡献、按贡献决定报酬的机制"。这是对分配制度、对生产要素构成等认识的持续深化。健全这一制度，对于调动各类生产要素参与生产的积极性、主动性、创造性，让各类生产要素的活力竞相迸发，让一切创造社会财富的源泉充分涌流，具有极其重要的理论意义和实践价值。

科技的创新必然会引发一系列的体制变革与思想创新，形成全方位的、相辅相成的综合创新，每一次产业变革都会经历同样的历程。基于分布式思想诞生的元宇宙、互联网、区块链等数字技术从本质上来说就是一套具备迭代升级的现代化技术治理架构，其技术发展的特点是基于多种技术组合建立新的信任机制和信息连接方式，在促进社会治理结构扁平化、治理及服务过程透明化、提高政府社会治理数据可信性和安全性等方面具有独特优势。基于区块链的分布式数据存储、智能合约、点对点传输、共识机制、加密算法等多种技术，在不可信的竞争环境中，利用数学原理而非第三方来低成本地创造信用；作为一种由多方共同维护的分布式记账技术，具有开放性、防篡改性、匿名性、去中心化及可追溯性等特征，改变了当前整个互联网的信任机制，以及诸多行业的应用场景和运行规则，可以大幅拓展人类协作的广度和深度，被认为是可以引起生产关系深刻变革的颠覆性技术。从应用视角来看，区块链能够解决信息不对称问题，实现多个主体之间的协作信任与一致行动，其应用已经从开始的数字货币扩展到数字金融、物联网、智能制造、供应链管理、数字资产交易等多个领域，大大提升了经济社会运行效率，以"可编程社会"为特征的"数字经济"雏形开始显现。随着区块链、5G等数字孪生技术的快速发展，物理世界与数字世界的联系逐渐增强，数字孪生技术通过建立数字镜像的方式实现了物理域和虚拟域之间的实时交互，并作为一项关键技术推动着国内数字经济的高质量发展。

技术的发展催生了"精准"模式的爆发，金银花产业的发展也离不开数字技术的支撑。我们正在探索一套以基层党建为引领、以数字孪生技术为底层、以新型农村合作组织为抓手的乡村振兴新方案，借助于"互联网+""大数据"和"金融"助力，搭建"金银花产融大数据平台"，依托巨鹿县"中国金银花之乡"的品牌影响力及资源优势，结合运营公司的产业资源整合能力和"区块链+大数据+金融"的力量，线下规范化和标准化种植，通过数字化的产地管理体系、交易服务体系、仓储物流服务体系、产品追溯体系、产业金融服务体系，使采购方能从可信任的产地平台采购优质产品，使金银花产业从"小、散、乱"向规模化、规范化、标准化和品牌化方向改变，加强巨鹿县金银花品牌影响力。

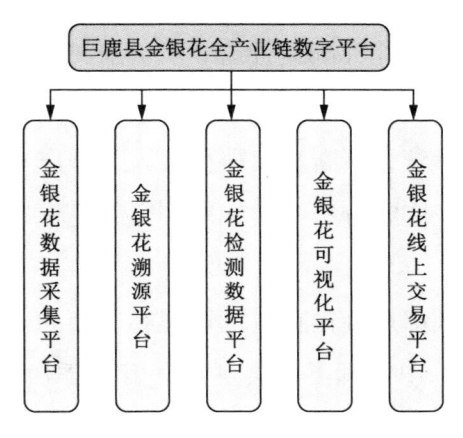

```
          ┌─────────────────────────┐
          │ 巨鹿县金银花全产业链数字平台 │
          └─────────────────────────┘
                      │
    ┌────────┬────────┼────────┬────────┐
    ↓        ↓        ↓        ↓        ↓
┌───────┐┌───────┐┌───────┐┌───────┐┌───────┐
│金银花 ││金银花 ││金银花 ││金银花 ││金银花 │
│数据   ││溯源   ││检测   ││可视化 ││线上   │
│采集   ││平台   ││数据   ││平台   ││交易   │
│平台   ││       ││平台   ││       ││平台   │
└───────┘└───────┘└───────┘└───────┘└───────┘
```

巨鹿县金银花全产业链数字平台架构

我们鼓励由党员或有影响力的农村致富带头人自愿发起成立基于区块链思维的金银花庄园，加入的农户达 10 户左右就可以成立庄园理事会，大家以可种植的土地入股合作组织。每亩土地缴纳一定的保证金放到区块链上，如果大家都按照教程规定的金银花种植标准进行种植，保证金会按时返还给大家，并且会有一定的增值。如果没有按照规定种植，就会扣除一部分保证金直到农户退出金银花庄园。为了提高种植农户的抗风险能力，我们将基于区块链技术设计开发金银花庄园的相互保险，一旦有金银花种植户家庭出现状况，就可以通过相互保险实现风险共担，增加单个家庭的抗风险能力；此外我们还将联合保险公司每年年初制定相应的价格保险，这是政策性保险，政府补贴每亩地 135 元，农户只需交每亩地 10 元的保费，就可以得到 3000 元的保额。只要达到赔付条件（例如因天气造成的损失，低温冻害、连阴雨、持续高温等），保险公司就进行通赔，各合作组织配合保险公司开展工作，保障群众利益，对缴纳保费的金银花以一定的价格进行收购。如果市场价格低于这个价格，农户可以按照这个价格出售；如果市场价格高于这个价格，农户可以按照市场价格出售。我们联合巨鹿县职教中心成立了乐智众创大学金银花学院，涉及新品种培育、金银花标准化种植、墒情监测、水肥智能滴灌、土壤微生物检测、重金属检测、病虫害防治、金银花烘干及相关产品加工、电商销售和新媒体运营，不断加大科技投入，推广建设金银花标准化种植庄园，建立金银花庄园分级分类标准和金银花标准，培训现代新型职业农民。

所有金银花庄园都是金银花庄园管理委员会的一分子，由每个庄园选出的理事长共同选出管理委员会主任和管理委员，由管理委员研究、制定每年的金银花发展规划目标和经营指标；以年薪的方式聘任总经理，实现管理委员会负责制下的总经理经营制，如茶艺总经理主理金银花茶相关的加工、销售等工作，化妆品总经理主要负责面膜、精华液等相关产品的加工、销售等工作。管委会对理事会负责，理事会对社员负责，社员负责按照标准化教程种植、加工金银花产品，总经理对自己所属的相关业务负责。为了让种植户不再受到经销商的挤压，我们联合地方政府在筹措资金打造金银花交易、烘干、仓储、物流、金融服务等基础设施在内的金银花现代产业园，种植户可以有更多的选择，可以出售采摘的鲜花、也可以采摘后自己烘干，烘干后的金银花可以通过仓单质押的方式从入驻园区的金融机构获得相应的资金支持，还可以出售给产业园区帮忙联系的最终使用单位完成销售，从而减少中间商环节，让种植户获得更多的收入。

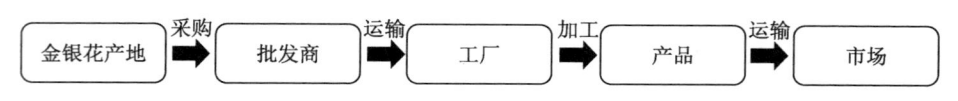

金银花产地 →采购→ 批发商 →运输→ 工厂 →加工→ 产品 →运输→ 市场

传统金银花生产企业流通环节示意图

从新农村建设到乡村振兴战略的提出，在乡村已经形成了数以百万亿计的设施性资产，如果我们能有效推动农业供给侧结构性改革与金融供给侧结构性改革的有机整合，为金融资本找到下乡投资的路径，就会有助于进一步形成资本的闭环运作。我们鼓励每个金银花庄园生产自己的产品、注册自己的品牌，鼓励每个金银花庄园开展乡村特色旅游。游客可以通过我们和县委县政府联合研发的"链上城市"平台，实现金银花的种植认购，委托农庄主人代为种植管理，认种者可以在自己的手机等终端上通过"链上城市"App实时观察金银花的生长情况，远程浇水、施肥，节假日还可以带上家人、朋友到农庄体验生活，和农庄的主人长期协作、共生；加入合作农庄的农户可以根据自家的实际情况打造当地的特色民宿，民宿根据每家每户的励志故事和家庭典故进行装修，增添韵味；游客可以根据自己的喜好选择不同风格的房间进行入住；餐饮上每个合作组织可以发掘每家每户的特色菜品，组成一桌有特点的风味美食，真正做到一村一景。

我们正在开发一套基于区块链思维、数字孪生技术的解决方案，基于区块链的智能合约技术和可溯源体系，把传感器、无线数据传输、智能网关、Web、移动终端等技术相结合，建立金银花产业链知识图谱，打造金银花产业数据展示平台和管理驾驶舱；对金银花的施肥、灌溉、除草、病害虫防治、喷药、采摘等各个环节中的相关信息和金银花生长过程中的空气温湿度、光照强度和土壤重金属检测等环境信息以及金银花加工、运输和销售等信息进行实时采集，通过对采集信息的分析和处理，为金银花提供最适宜发育生长的环境。检测设备包括大田土壤重金属采集系统、大田土壤肥力采集系统、视频监控系统、气象站系统、病虫害防治预警系统；通过对金银花种植、采摘、加工、销售、全方位的数据感知，打造覆盖金银花全产业链的溯源系统，结合地下水开采数据、土壤墒情、气象数据和专家规则等进行综合建模并制定最佳灌溉策略，帮助农民进行灌溉管理，提高作业效率、降低人工成本；在生产、销售过程中开发数据接口并接入，通过物联网环境监测、质量检测、市场行情监测等数据实现质量安全追踪溯源；还可以通过产业链中各方随时追踪和数据共享实现供应链金融，让农民和小商户能够便捷获得银行贷款和其他金融服务；帮助食品供应商预测收成，帮助卫生部门进行病虫害预防，适配农艺要求，满足更高效、可持续的绿色农业发展需求。

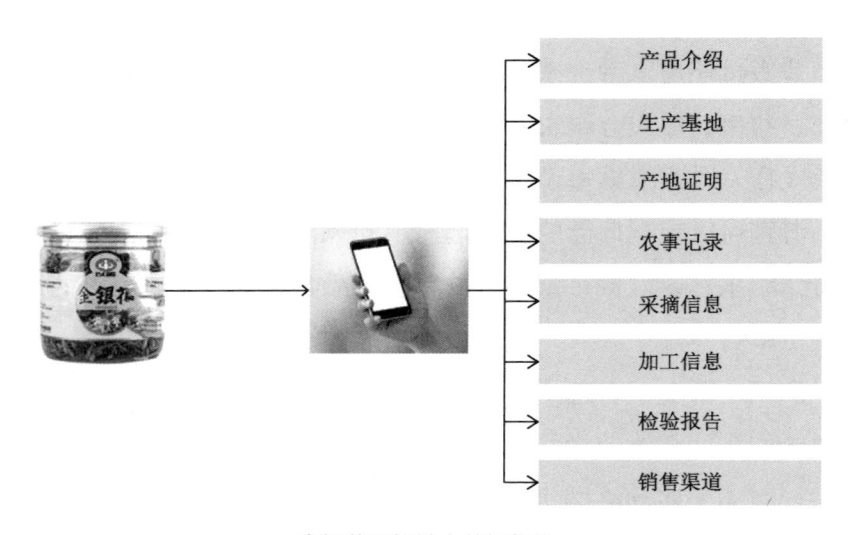

金银花区块链大数据架构

金银花产业采摘、加工环节比较耗费人力和时间，我们联合中国中医科学院、河北科学院、北京中医药大学等科研院所的多位知名教授正在研发包括人体外骨骼护具、流水线式烘干分拣打包一体化智能设备、智能采摘机械手，让每个加入金银花庄园按照标准化生产的农户可以优先使用我们研发的人体外骨骼护具，在采摘环节对身体进行有效保护，减少腰部和膝盖的受力；通过为每个金银花庄园安装的流水线式烘干分拣打包一体化智能设备（*政府有补贴*），可以从源头对金银花品质进行监督、溯源。由于金银花庄园的出现，结合我们的标准化种植、加工教程，已经实现金银花种植、农残、药性成分等数十种分等定级标准，包括食药监局、农业农村部、商务和粮食局等相关政府执法单位对全流程的监督，让消费者更加放心。

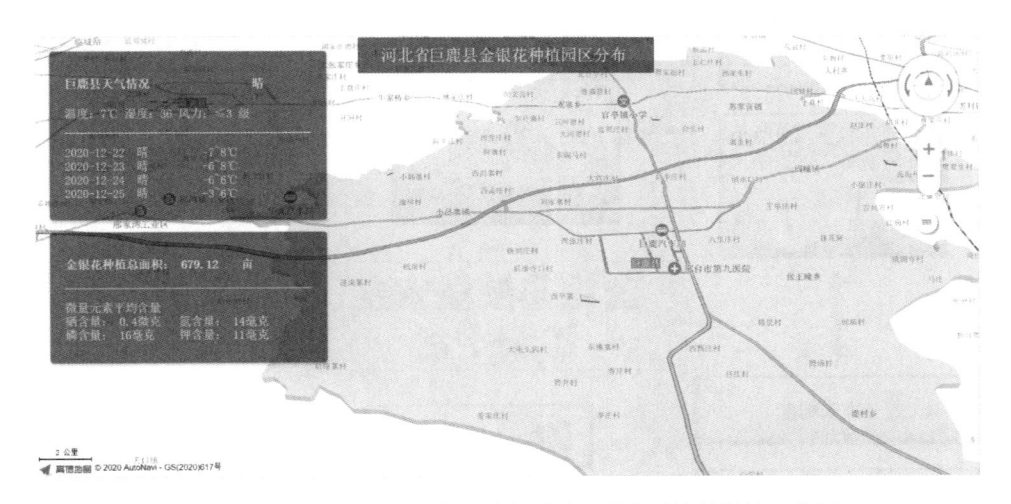

基于数字孪生技术实时对每个金银花庄园的土地墒情等情况监测

金银花在 1984 年被国家中医药管理局确定为 35 种名贵中药材之一，随着我国人口老龄化程度的加重，进一步加大了其市场需求。原卫生部公布的《关于进一步规范保健食品原料管理的通知》中将金银花列为药食同源产品，可以开发包括金银花茶、洗手液、清洗剂、牙膏、面膜、口服液、消毒液、滴眼液、美白祛痘的护肤品、节日礼盒套装等在内的百余种产品。金银花挥发油及浸膏可作为卷烟添加剂；从金银花干花蕾和鲜花中提取的香薰料可用作高级香料；用金银花中的有效成分来生产植物农药，既可保护环境，又可杀虫抗病。金银花植株藤茎和修剪掉的茎叶体内的绿原酸含量高达 5% ~ 10%，可工业提取和纯化绿原酸和挥发油。金银花为多年生藤本植物，可用于制作各式盆景，其情趣古雅，是室内绿化、装饰、观赏的上等佳品，还是绿化庭院的好材料，可在窗前、门口等处实行墩栽，用于赏花，也可栽植在攀附物旁，用以绿化配置。据研究，金银花对氟化氢、二氧化硫等有毒气体有较强抵抗力。

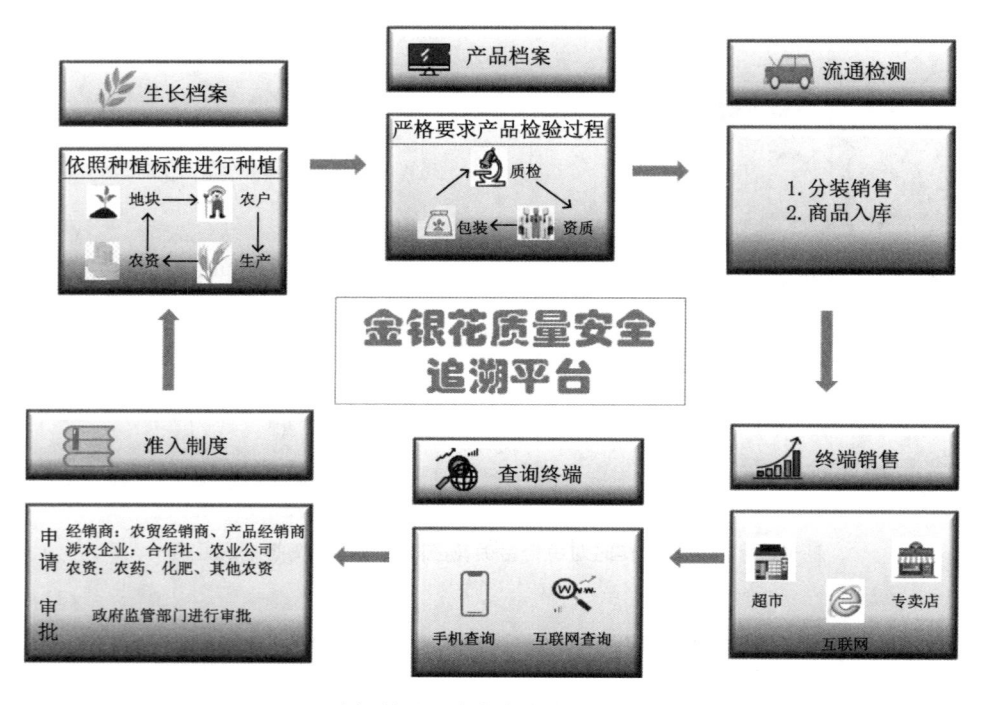

金银花质量安全追溯平台示意图

我们开发的"链上城市"App集金银花展示、政策发布、资讯发布和数据发布等功能为一体，可以进行线上线下展示、电商销售，便于客户了解和购买巨鹿县金银花，我们还将对接京东、天猫、拼多多等线上渠道和苏宁、物美、盒马鲜生等线下消费渠道，更有数十家药店连锁正在洽谈中，我们将把每个金银花庄园生产的产品通过我们的渠道进行销售，以产业交易数据和金融征信数据为基础，整合产地基础数据、交易系统、仓储系统、物流系统（整合物流资源，在线为托运方找车，为承运方找货，推动物流向信息化、在线化、数字化和智能化方向发展，促进金银花物流服务提质增效）、产地信息系统和追溯系统产生的数据，形成巨鹿县金银花产业大数据；聚合多种支付渠道，为交易提供支付结算服务；整合多家金融机构，为生产经营主体提供多样化融资需求：土地、厂房和农机具等抵押贷款，仓单融资和应收账款等质押贷款，订单融资等网络贷款和小额信用贷款，从而解决生产经营过程中的资金不足问题；通过大数据分析和客户评级，对不同特点的金银花产业客户提供渠道精准营销，产品出售后留存利润的8%成立基金，用于乡村振兴工作或作为巨鹿县中小学的奖学金，帮助巨鹿县教育事业的发展。所有金银花庄园产品的消费者都可以对所购买的金银花等产品进行溯源查询种植状况（哪个庄园的金银花、什么时候浇的水、什么时候施的肥、树龄几年等），通过直播看产品的生长状况；结合发达的现代快递物流企业，我们还可以借助社群化的预售和快递，让消费者可以预定每个金银花庄园的优质产品，每天在家就能收到新鲜的金银花相关的农特产品。

在乐智众创金银花创客空间，搭建了从金银花加工、物流到交易的供应链体系，让更多的新老农户可以根据自己的喜好选择相关的金银花产品进行创新创业，例如新潮国货金银花茶包、金银花湿巾、金银花面膜、洗护用品等，消费者在使用的过程中不仅可以通过元宇宙、区块链等数字孪生技术远距离了解金银花庄园的种植、生产状况，还可以在节假日带上家人、朋友来度假、研学游学，让小朋友参与到种植、采摘、加工等环节中来，零距离学习中医药文化知识，在游玩中体会中医药这个中华文化中的瑰宝。

在乐智众创大学金银花学院，我们与北京中医药大学、中国中医科学院等合作的金银花专业针对大学生、研究生及新型职业农民开展多梯次的培训，课程包含标准化种植，人工智能采摘机械的使用及维修，智能烘干设备的使用与维修，金银花相关产品打造及电商、直播带货，供应链金融及期货操作等。

"区块链 + 互联网"赋能产业

城市居民不仅可以到巨鹿县实地参观游览老漳河，感受巨鹿之战中的破釜沉舟精神；还可以通过元宇宙欣赏金银花秀、学习省级非遗洪拳、跟着织女们学习手织汉锦；跟着大唐名相魏征学习《谏太宗十思疏》、向僧一行学习天文和历法；在线下伴随着古琴声，体验点茶、焚香、挂画、插花南宋四雅梦回大宋，了解巨鹿县这座有着几千年历史的城市。

第五节

元宇宙文旅：
数字时代文旅新体验

潜意识正在操控你的人生，而你却称其为命运。

——卡尔·古斯塔夫·荣格

元宇宙第一股 Roblox（世界最大的多人在线创作游戏）在招股书中将元宇宙描述为"一个将所有人相互关联起来的 3D 虚拟世界，人们在元宇宙拥有自己的数字身份，可以在这个世界里尽情互动，并创造任何他们想要的东西"。基于以上定义，元宇宙中的虚拟空间孪生于现实空间却又与现实世界独立存在并且相互影响，具备真实、同步、兼容、可连接、可创造等多重要素。当线下人们以文旅的形式满足其物理在场的沉浸感，在线上实现线下的平滑过渡，会成为元宇宙中的重要场景。

迪士尼前 CEO 鲍勃·查佩克表示元宇宙是迪士尼的未来，将构建自己的元宇宙。在 2020 年年底，迪士尼公布了其宏大的"元宇宙"战略——迪士尼邮轮原创舞台剧《冰雪奇缘》将传统的剧院与最先进的技术相结合，创造出阿伦黛尔这一冰雪世界。《星球大战：银河边缘》的一切都始于一个联网的乐园，游客可以使用联网设备，如可穿戴设备、电话和其他互动数字接入点，与周边物理环境进行互动。当乐园加上计算机视觉、自然语言理解、增强现实、人工智能和物联网等技术时，就可以将物理环境与数字世界无缝结合，创造出特殊的新体验。

元宇宙将突破传统旅游"时"与"空"的局限，获得更有沉浸感、科技感、补偿感的体验。线上场景无论是 RPG 小镇还是主题公园，其剧情及故事线创作深受影视、小说、游戏等关联文娱行业影响，依托这些内容提供的宏大和完整的世界观架构，可支撑其未来具备完整运行逻辑。若其作为一个线下接口与线上元宇宙衔接时，在 5G、人工智能、AR、VR 等新技术的加持下，内容共享将触发更多消费者共同参与创作的契机，可以深度挖掘景区中的神话传说、人物故事等，结合 LBS 技术和元宇宙中的多人互动技术进行深度开发，为商业变现提供了可行性路径。

在乐智科技开发的"链上城市"App 中，游客将会有三种游览方式进行体验，第一种是在乐智科技开发的"链上城市"元宇宙应用中通过金花、银花数字人（相信在元宇宙时代，每个城市都会有属于自己的数字人，为城市代言的同时还可以为城乡居民提供便民服务，为来到这里的每一位游客提供导航、导游服务）姐妹带你去看数字世界的巨鹿县，用户通过操作手机或者 VR 设备中的方向按钮，在数字人的引导下边游览边听讲解。在元宇宙应用中我们将会创作巨鹿之战、魏征劝谏、石鹿归云等发生在巨鹿县的历史事件，用户可以穿越到宋代感受宋瓷的制作流程，可以通过 5G、物联网等观看金银花、红杏等巨鹿县的自然资源，还可以通过世界观的架构引导游客参观带有历史感的巨鹿县背景的皮肤、道具等数字艺术品（NFT）。第二种是让游客通过佩戴自己的元宇宙眼镜付费连线身处巨鹿县的导游们，通过导游窗口的介绍、网友对导游的评价及导游的路线等挑选出自己喜欢的导游。通过所选择导游手中持有的设备中沉浸式的巨鹿县实地场景，游客可以通过语音、手柄等方式与现场的导游和在线的网友进行互动，告诉导游自己想看哪里、想听哪里的讲解，与同时在线的网友进行聊天交流。如果还想了解更多，可以通过以上两种方式购票预约时间、酒店、民宿等。第三种是通过与线上导游以自驾的方式实地游览巨鹿县。到达巨鹿，游客可以下载"链上城市"App，通过数字人为您引导到想去的任何景区。在每个景区门口，游客可以选择导游带着游览的模式，也可以选择带上 AR 眼镜模式游览，如果选择了带上 AR 眼镜模式游览就可以走到每个景点通过 AR 眼镜和手机上乐智科技开发的元宇宙应用听语音讲解，还可以在 AR 眼镜中看到谁曾经来过这里和在这里留下了什么样的记录，看他写下的文字和录制的音频或视频，如果想跟他互动，可以通过乐智科技开发的应用与他交流，也可以留下你的倩影、文字、语音和视频。

　　元宇宙时代是数字经济红利释放的时代，更是创作经济的时代，游客当然还可以对景区在元宇宙中进行二次创作，可以结合巨鹿县这个具有 3500 年历史的城市背后的故事与开放世界游戏的虚拟身份玩法有机结合，在实体空间以剧情体验推动线下沉浸，通过虚拟技术结合移动终端同步线上虚拟世界的搭建；还可以开放场景给有开发能力的第三方进行二次创作，引入"剧本杀""密室逃脱"等游戏元素，在线上以 MMO（Massive Multiplayer Online Game，大型多人在线游戏）的形式构建真人玩家开放式任务机制，在以故事线为设计指引搭建的主题园区内，认真扮演自己任务中塑造的角色，与其他玩家、NPC（Non-Player Character，非玩家角色）演"对手戏"来获取线索，让文旅场景不再是单一的观览对象，游客更趋向于在体验的过程中自我代入，无论是酒店、景区、影视基地、古镇还是名山古刹，都可以既有空间形态又有沉浸式体验和互动性。

参考文献

[1] 梁伟,薄胜,刘小欧. 区块链思维:从互联网到数字新经济的演进 [M]. 北京:机械工业出版社,2020.

[2] 薄胜. 众创:群体崛起大时代 [M]. 北京:电子工业出版社,2017.

[3] 钱学森,钱学敏. 与大师的对话:著名科学家钱学森与钱学敏教授通信集 [M]. 西安:西安电子科技大学出版社,2016.

[4] 钱学敏. 钱学森科学思想研究 [M]. 西安:西安交通大学出版社,2008.

[5] 吴军. 浪潮之巅(第二版)[M]. 北京:人民邮电出版社,2013.

[6] 〔秘〕赫尔南多·德·索托. 资本的秘密 [M]. 于海生,译. 北京:华夏出版社,2017.

[7] 〔美〕阿尔文·托夫勒,海蒂·托夫勒. 财富的革命 [M]. 吴文忠,刘微,译. 北京:中信出版社,2006.

[8] 赵大伟. 分布式商业:区块链与数字经济开启大规模群体协作新时代 [M]. 北京:机械工业出版社,2020.

元宇宙与数字经济系列课程

课程对象：各级领导干部
企业家（尤其是专精特新领域）
企业的经营管理层

01	从互联网到元宇宙的演进
02	数字经济时代财富被重新定义
03	数字经济时代的区域经济
04	科技创新范式：从产品创新到集群式创新
05	数字经济时代的人才观
06	从互联网思维到数字经济生态

07	数字技术赋能组织变革
08	传统企业的数字化转型升级之路
09	知识产权保护促进经济高质量发展
10	数字技术（经济）简史 MABCD^{5G}
11	WEB3：互联网的新范式
12	NFT：技术与艺术的完美融合
13	数字人：人生还可以这样
14	乐智众创大学——MABCD^{5G}赋能教育变革
15	金银花庄园——基于数字技术的乡村振兴之路
16	元宇宙与数字技术助力一带一路建设
17	元宇宙时代的新文旅

拥抱趋势、共创未来
错过了互联网和移动互联网的红利期
就不要在元宇宙与数字经济时代落伍啦！

联系方式：010-68487630
王老师：13466691261（同微信）　刘老师：15300232046（同微信）

欢迎企业定制图书

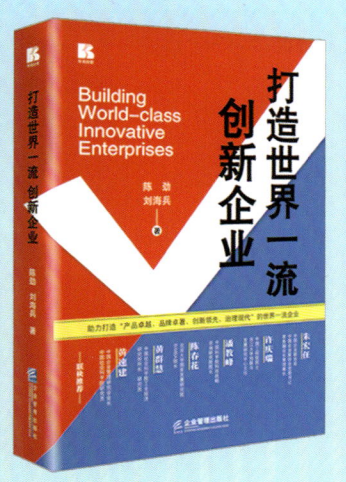

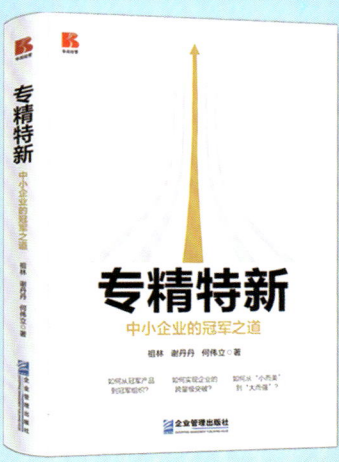

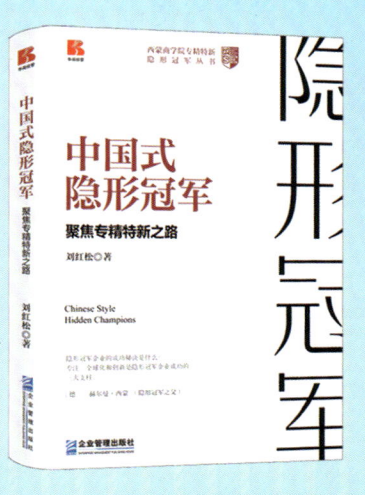

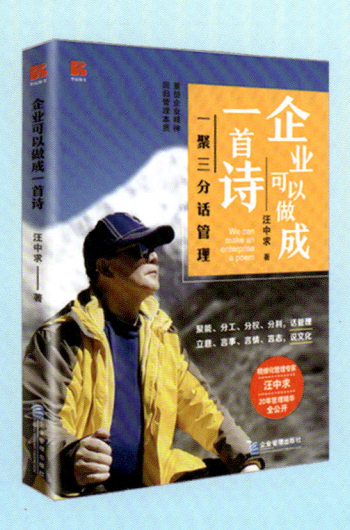

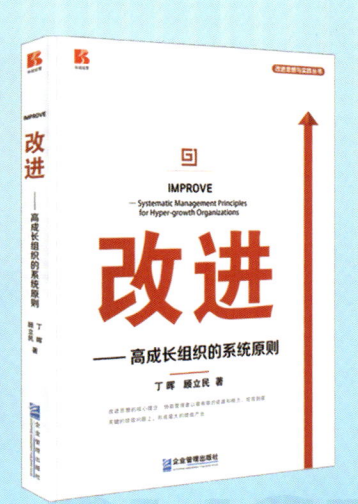

联系方式：010-68487630

王老师：13466691261（同微信）

刘老师：15300232046（同微信）

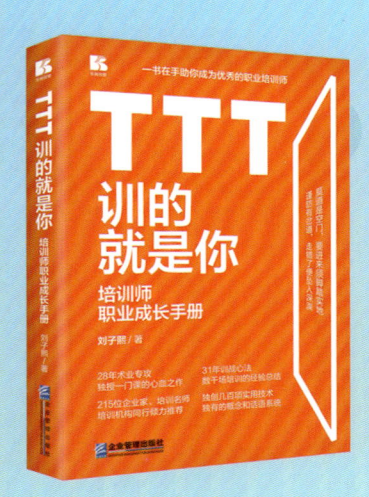

书籍展示

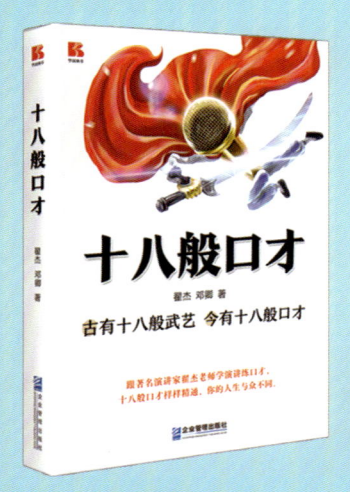

第一行
- **TTT 训的就是你** —— 培训师职业成长手册 / 刘子熙 著
- **生命第一** —— 员工安全意识手册（12周年修订升级珍藏版）/ 祁有红 著
- **零隐患 零事故** —— 安全事故预防手册 / 刘寿红 著

第二行
- **十八般口才** —— 古有十八般武艺 今有十八般口才 / 翟杰 郑圈 著
- **中国工厂利润倍增经营手册** Handbook of Multiple Profit at Chinese Corporate / 刘永元 著
- **中国工厂全面精益改善推进手册** Handbook of Comprehensive Lean Management In China / 刘永元 著

第三行
- **追求极致** —— 日本企业团队工作法 / 曲军 著
- **专精特新** —— 向德国日本隐形冠军学什么？/ 林惠春 谢丹丹 朱新月 编著
- **内耗** INTERNAL FRICTION —— 卓越高效团队建设的极大障碍 / 朱新月 高志鹏 著

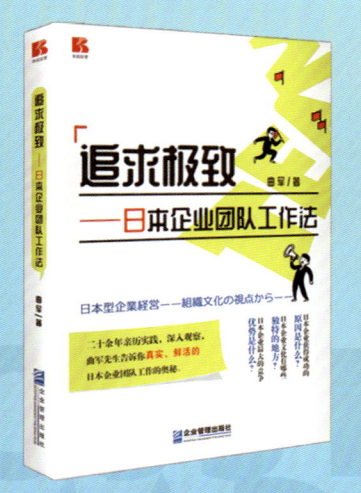

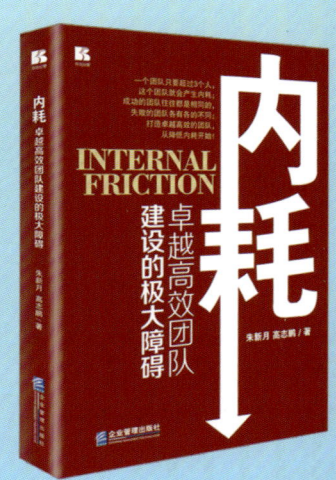

传播管理智慧，助力企业腾飞

中企联播·名师讲堂

中企联播·名师讲堂是由《企业管理》杂志、《企业家》杂志与中国管理科学学会企业管理专委会共同举办的直播讲座平台，每周 1—2 场，每场 1.5 小时左右。

平台延请业界名师，为企业管理者们提供前沿新科技、经营新思维、管理新技术的精彩讲座，旨在帮助企业家、企业管理者不断提升自身能力，适应快速变化的经济发展与企业经营环境，解决企业经营管理中的困惑与难题。

部分讲座课程

讲师	课程
汪中求	精细化管理系列讲座
陈劲	打造世界一流创新企业系列讲座
祖林	专精特新系列讲座
刘承元	精益管理系列讲座
丁晖、顾立民	管理改进系列讲座
谭长春	华为管理系列讲座
翟杰	演讲口才系列讲座

中企联播·名师讲堂部分名师

| 汪中求 |  陈劲 |  祖林 |  刘承元 |

| 丁晖 |  顾立民 |  谭长春 |  翟杰 |

名师讲堂

中企联播·名师讲堂现为公益讲座，未来将发展成知识付费平台。

中企联播·名师讲堂
欢迎企业经营管理者加入！

中企联播·名师讲堂欢迎
天下名师大咖的合作！

联系方式： 010-68487630
王老师： 13466691261（同微信）
请注明合作内容及方式